乡村振兴与高质量发展的实践研究

陈姣娣　孙晓媚◎著

文化发展出版社
Cultural Development Press
·北京·

图书在版编目（CIP）数据

乡村振兴与高质量发展的实践研究 / 陈姣娣，孙晓媚著 . -- 北京 ：文化发展出版社，2024. 8. -- ISBN 978-7-5142-4440-3

Ⅰ . F320.3

中国国家版本馆 CIP 数据核字第 2024BD3192 号

乡村振兴与高质量发展的实践研究

陈姣娣　孙晓媚　著

出 版 人：宋　娜

责任编辑：张宝平　　　　责任校对：侯　娜

责任印制：杨　骏　　　　封面设计：卢云博

出版发行：文化发展出版社（北京市翠微路 2 号 邮编：100036）

网　　址：www.wenhuafazhan.com

经　　销：全国新华书店

印　　刷：天津和萱印刷有限公司

开　　本：710mm × 1000mm　1/16

字　　数：220 千字

印　　张：11

版　　次：2025 年 1 月第 1 版

印　　次：2025 年 1 月第 1 次印刷

定　　价：72.00 元

I S B N：978-7-5142-4440-3

◆ 如有印装质量问题，请与我社印制部联系　电话：010-88275720

前 言

2003年6月，时任中共浙江省委书记的习近平审时度势、高瞻远瞩，作出了实施“千村示范、万村整治”工程（简称“千万工程”）的决策。二十多年来，“千万工程”久久为功、扎实推进，是全面推进乡村振兴的重要保障，对于实现中国式现代化具有重要意义。习近平总书记在党的二十大报告中强调，“全面推进乡村振兴”“坚持农业农村优先发展，坚持城乡融合发展，畅通城乡要素流动”“扎实推动乡村产业、人才、文化、生态、组织振兴”。

乡村振兴是实现中华民族伟大复兴的一项重大任务，是党的十九大作出的重大决策部署，是新时代做好“三农”（农业、农村、农民）工作的总抓手。进入实现第二个百年奋斗目标新征程，我们党不失时机把“三农”工作重心历史性地转向全面推进乡村振兴，而且在党的二十大报告中强调，“要全面推进乡村振兴，全面建设社会主义现代化国家，最艰巨最繁重的任务仍然在农村”。显然，全面推进乡村振兴是新时代新征程高质量发展的必然要求，需要锚定高质量发展不放松。新时代新征程，我们要高度认识高质量发展在党和国家工作中的重要战略地位，着力锻长板、补短板，深刻认识实现党的中心任务重点难点在农村，以高质量发展全面推进乡村振兴。

本书共六章，第一章为乡村振兴概述，分别从乡村振兴的理论基础、乡村振兴的实施背景、乡村振兴的战略意义及规划三个方面展开了介绍；第二章为中国农业农村发展历程及政策解读，主要介绍了五个方面的内容，依次是乡村社会改良阶段、农村合作化改造阶段、农村市场经济体制形成阶段、统筹城乡发展阶段、乡村振兴战略实施阶段；第三章为实施乡村振兴战略的总体要求，分别从乡村振兴战略的动力——产业兴旺、乡村振兴战略的根本——生态宜居、乡村振兴战略的目标——生活富裕、乡村振兴战略的灵魂——乡风文明、乡村振兴战略的保障——治理有效五个方面展开了介绍；第四章为数字经济服务乡村振兴发展及路径研究，主要介绍了三个方面的内容，依次是数字经济服务乡村振兴的内在机理、数字经济服务乡村振兴的困境检视、数字经济服务乡村振兴的实现路径；第五章为生态资源协同推进乡村高质量发展，主要从乡村旅游资源推进乡村高质量发展、红色文化资源推进乡村高质量发展、生态环境建设推进乡村高质量发展三个方面展开了介绍；第六章为乡村高质量发展趋势，主要介绍了四个方面的内容，依次是乡村振兴与新型城镇化双轮驱动将成为新常态、新型职业农民将是推动乡村现代化的重要力量、先进科技和要素渗透将推动乡村产业深刻变革、特色小镇将成为助力乡村振兴的新经济模式。

在撰写本书的过程中，作者参考了大量的学术文献，得到了许多专家学者的帮助，在此表示真诚感谢。本书内容系统全面，论述条理清晰、深入浅出，但由于作者水平有限，书中难免有疏漏之处，希望广大同行及时指正。

陈姣娣

2024 年 1 月

目 录

第一章　乡村振兴概述

乡村振兴，既是美丽乡村高质量发展阶段的一项重大而紧迫的战略任务，也是持续扎实推进美丽中国建设的有力抓手。本章为乡村振兴概述，分别从乡村振兴的理论基础、乡村振兴的实施背景、乡村振兴的战略意义及规划三个方面展开介绍。

第一节　乡村振兴的理论基础

关于乡村发展与城乡协调问题，很多相关的经典理论都做过系统或部分的分析和论述，这些理论为研究乡村振兴问题奠定了坚实的基础。下面通过选取具有代表性的经济理论，尝试探讨和构建乡村振兴的理论框架和逻辑遵循。

一、非均衡力与循环累积因果论

主流区域经济理论在区域经济学的研究体系之中加入了新古典经济学所忽视的区域空间划分，针对空间演变进行了理论推演，较为合理地解释了“核心—边缘”结构的形成。区域经济从空间结构来看即块状经济，不同区域经济体之间普遍存在着内生的非均衡状态，在非均衡状态之下，各个区域经济体内的要素在其回报率的指导下开始了逐步转移，并在此过程中产生了区域之间的相互作用力。基于南开大学经济研究所教授安虎森对非均衡力的探讨以及瑞典经济学家纲纳·缪达尔（Gunnar Myrdal）的循环累积因果理论，我们可以构建关于“城市—乡村”关系的非均衡力模型，并探讨其循环累积因果效应，最终得出关于两者平衡点的结论。

不同区域之间存在内生的非均衡力，这种非均衡力即市场接近效应、生活成本效应与市场拥挤效应，前两种效应聚合形成集聚力，集聚力促使要素流向市场规模较大、要素回报率较高的地区；而市场拥挤效应则代表了分散力，分散力会逐渐中断要素流向，阻止其进一步流向核心区域。正是由于非均衡力的存在，不同区域经济的变化呈现出了非连续性与突发性的特点。

在非均衡力的不断作用下，区域之间逐渐呈现出不断积累、不断变化的发展关系即循环累积因果理论。循环累积因果论的形成，一般认为有三种联系机制。

一是需求关联的循环累积因果论。假设已经存在城市与乡村两个区域，城市代表发展水平较高的区域，乡村代表发展水平较低的区域，此时按照安虎森的观点，城市所代表的发展水平较高的区域已经具备了较高的要素回报率与市场规模。农村中的劳动力倾向于前往工资率较高的地区，并将所获取的工资收入全部花费在所在区域，这使得城市的市场规模进一步扩大，原有空间布局进一步变化，企业布局进一步接近城市。城市及其周边规模进一步扩大，城市就业机会增多，劳动力需求进一步上升，城市原有的劳动力存量不能满足继续发展的需要，从而进一步激励了农村人口向城市人口转移（后向联系机制），具有正向反馈的作用。此处所强调的循环累积因果论指的是农村劳动力在要素高回报率的吸引下进行转移，从而出现消费的区域转移，带动城市市场规模的进一步扩大，市场规模的扩大又导致生产活动的转移，生产活动的跨区移动带来了就业机会的增多，进一步促进农村劳动力的转移。

二是成本关联的循环累积因果论。按照上文的分析，在城市已经具备了较大市场规模的基础上，农村地区劳动力与企业纷纷向城市流动，因而城市的企业数量与种类远大于农村地区。城市所生产的产品由于区位较为接近市场，产生的交易费用较低，而农村区域所生产的产品若在城市销售相对来说需要较高的交易费用。因此，在其他条件不变的前提下，城市区域所生产的产品种类越多，其所对应的价格指数也就越低，对于一般消费者而言，其生活成本也就越低，对于生产者而言，其生产成本也就越低（可以以较低的代价获取想要的生产要素）。诸如此类，产品种类的多样性进一步降低了城市的生活成本，提高了农村地区的生产成本。此种机制是自我强化的，城市生活成本的下降代表了实际收入水平的上升，农村区域则与之相反，从而产生了劳动力由农村向城市不断转移的内在动力，农村地区劳动力与企业不断向城市区域进行转移。此类转移机制被称为成本关联的循环累积因果论（此类为一种前向联系机制，通过需求的扩大，形成对消费的前向联系），也具备正向反馈机制的特点，在此类机制的过程中，生活成本的空间分布特点形成了杠杆效应。

三是需求关联的循环累积因果论与成本关联的循环累积因果论所形成的混合因果论。伴随着城市集聚程度的不断提高，产业多样化程度随之上升，在混合因果链的作用机理下，城市地区的市场规模不断扩大，产品的产出能力与产品需求能力随之上升，从而对劳动力的需求不断扩大，不断吸引农村劳动。尤其是欠发达区域的农村劳动力产生持续转移的现象，劳动力的不断转移会加剧产业多样化的程度，增加城市地区的产品种类，继而降低城市的生活成本，提高其实际收入水平，而实际收入的提高会造成工资率的区域相对差别，并进一步吸引农村劳动力向城市转移。在城市对农村吸引力不足的情况下，农村劳动力的转移会逐渐减弱，人口和产业的空间布局基本保持原有的状态，经济增长的动力也会减弱。而此类问题的出现，将会成为分析"城市—乡村"平衡点的主要来源。

在既定的"城市—乡村"格局之中，由于乡村生活与城市生活代表了两种不同的生活模式，所以基于现有消费结构与生活模式，需求与成本循环累积因果论的影响作用会受到农村人口结构的影响，从而产生不同程度的变化。下面将从两个角度出发进行论述：

一是乡村中青年劳动力较多时，在追求高要素回报率的背景下，受市场接近效应与生活成本效应的影响，会出现部分青年劳动力的先行转移，在获取了丰厚的要素回报之后，形成了一种可以被模仿的转移路径，从而使劳动力转移的速度加快，呈现出突发性的劳动力转移。

二是乡村中老年与儿童人口较多时，囿于本身劳动能力的限制与既定的消费模式和生活模式的影响，劳动力的转移会呈现出比较缓慢的状态，城乡间劳动力的流动趋于平缓。

虽然此处选取了两个角度进行简略分析，但假定这两个角度为线性关系，由于城市发展需要大量劳动力与相关产业，农村便可以成为其主要供给方，这便出现了第一种情况；在不断发展的过程中农村区域要素转移潜力逐渐释放、逐渐乏力，便呈现出第二种情况。由于没有考虑制度因素与人口流动障碍，所以假定农村劳动力进城务工时会将所有工资收入花费于其所在区域。如果放开了此类假设便可能存在农村劳动力身份识别问题与乡土情结的情况，农村劳动力很可能不会将所获得的要素收入全部花费于其所在区域，而是会将其进行存储，从而将部分货币收入花费于农村区域，此时城市区域的循环累积因果论力量减弱。同时，由于农村劳动力转移潜力有限，所以容易出现在城市发展不充分的阶段，农村劳动力与资本转移进入相对停滞的状态，呈现出突发性、非连续性的特点，最终进入一个平衡的状态。

二、规模收益递增与区位黏性

区域经济学在研究区域问题时，多采用规模收益递增理论，如果使用古典经济学的假定，那么现实经济中的部分情况难以得到解释。规模收益递增是指，当所有投入等比例增长时，产出的增长比例会超出投入的增长比例，在单一产出的情景下，表现为向下倾斜的平均成本曲线。若在企业层面进行阐述则是，伴随着可变要素投入的不断增多，单位产出的固定成本不断下降，因此平均成本不断下降，但此类生产活动要求企业在空间层面进行聚集，由此可以深化分工合作，实现内部规模经济。企业层面的内部规模经济通常与企业初始拥有的资源与技术有关，但由于企业不可能掌握所有的要素与生产技术，所以在实际生产的过程之中，根据各自所擅长的领域，选择具有规模收益递增的生产部门进行生产，最终呈现出专业化分工的形式，不同的企业也就呈现出其生产领域的垄断特征。但是大部分企业的垄断不是自然垄断与特许经营，因为在市场中存在大量的潜在企业，所以企业的定价不能够按照垄断价格进行定价销售，而是需要按照边际成本加成定价法进行销售，此种形式较为契合现实状态，也就是新古典经济学所强调的垄断竞争模式。通过规模收益递增的理论，进一步阐释了聚集的好处与专业化分工所能给区域带来的增益，但在强调的“城市—乡村”平衡点的观点中，城乡间要素流动量受制于可转移总量，出现相对平衡的状态，要素流向其他区域情况严重。破解要素流动的问题才能打破“城市—乡村”的相对平衡点，关于区位黏性的论述则能较为合理地解释要素流动存在的路径依赖与区位依赖。

在关于非均衡力与循环累积因果论的分析中，强调了区域经济学中普遍存在的三种效应：市场接近效应、生活成本效应与市场拥挤效应，前两种效应聚合形成聚集力，市场拥挤效应则代表了分散力。当要素在市场接近效应与生活成本效应的吸引下开始聚集时，市场拥挤效应随之起作用，市场拥挤效应产生的是分散力，其倾向于抵消市场接近效应与生活成本效应所产生的聚集力。如果分散力大于聚集力，则区域之间的非均衡力表现为分散力，聚集现象便不会形成，区域之间存在负向的反馈机制，区域的原有状态便会继续保持。如果分散力小于聚集力，区域之间的非均衡力表现为聚集力，聚集现象形成，区域之间存在正向的反馈机制。由此能够看出，分散力与聚集力存在临界状态，它也是聚集现象发挥作用的临界点，该临界点所决定的便是区域之间在不同状态下受到何种作用力的影响。这个临界点与区域之间的贸易成本或市场开放度有着密切的关系，这就是所谓的“突破点”。这里所强调的贸易成本是一种抽象的概念，包括隐性的社会风俗，也包括显性的运输成本与贸易制度，其不以贸易的实际发生为依存，贸易成本的降低意味着市场开放程度的提高。当区域间的市场开放程度小于突破点时，区域的原有结构呈现出稳定的状态；反之，区域间结构则会发生变化。当区域间已经形成了稳定的聚集结构，便存在区域内在的自发稳定机制，通过数理分析证明，聚集结构的稳定性也与市场的开发度有关，也存在一个临界点，但这个临界点的位置通常不与突破点重合，而是小于突破点，这个临界点是使得聚集结构得以维持的最低市场开放度，因此被称为“维持点”。维持点至突破点的距离便是区域结构得以维持的区间，所强调的“城市—乡村”平衡点，便是处于此区间范围内的一种稳定状态，此时乡村已经没有可供流向城市的生产要素。

从理论角度分析，若市场开放度接近理论上的维持点，区域空间结构并不会出现大幅的变化，但若将市场开放度不断提高，在达到突破点之时，才会出现要素的大规模集聚现象。这表明，区域发展遵循着其特有的规律，且区域经济增长方式对原有的发展状态有很强的依赖性，这种现象便是路径依赖，即原有的区域增长方式在一定范围内具有极强的“黏性”。经济发展方式不仅代表了经济社会运行的基本规律，还更加代表了其背后经济活动主体的运行规律，当区域经济发展路径被锁定时，则代表了区域经济主体的经济活动轨迹被固定，从而形成一套稳定的经济运行网络结构，在此背景下，经济系统的内生约束力量难以在短期内被改变，此时外生冲击反而可以起到很好的效果，如政策的强有力刺激等。如果要改变区域经济的原有运行状态，则需要外生的冲击力大于内生的约束力。在所强调的“城市—乡村”平衡点的观点中，放开要素流动限制，出台强有力的产业政策，使得外在的冲击力强于本身的约束力，从而促进城乡间要素的双向流动，促进城市和乡村的发展。

三、市场失灵与政府失灵

新古典经济学认为，价格作为市场信息的传导机制，可以自动平衡市场上的供求关系，实现总需求与总供给平衡的状态。因为，尽管对单个市场主体来说，商品与服务的价格是既定的，但从市场总体来看，如果消费者对某种商品或服务的总体需求大于生产者所能提供的总供给量，价格会自动上升，一旦商品或服务的价格上升，消费者便会自觉减少此类商品或服务的需求，价格便会自动回落，实现市场均衡；与之相反，若消费者对某种商品或服务的总体需求量小于市场总供给量，价格会自动下降，当商品或服务的价格下降时消费者的总体需求会随之上升，最终实现市场均衡。价格在其中起到了信息传导的作用，为市场主体提供生产指导，各种要素在此过程中得到了最有效地配置，在不断地竞价中，生产者为了获取经济利润，会尽可能地降低成本、提高效率、不断创新，从而实现经济收益有效率的增长。在市场的等价交换中，高质量商品会获得相应的较高价格，而商品生产者也会获得较高的报酬，实现按照贡献获取报酬。市场竞争还可以自发完成资源的最优配置，引导社会资源流向要素报酬率较高的地区，调整行业间要素配置结构，实现全社会的要素最优配置，此时政府承担的是“守夜人”的职责。如果市场要达到完全竞争，还需要具备四个条件：一是市场上存在大量作为价格既定接受者的买卖双方，二是产品完全同质化，三是资源可以实现完全流动，四是信息完全化。在现实世界中几乎不存在同时满足上述四个条件的市场种类，因为只要某个行业存在行业准则或准入门槛，价格机制便会被扭曲，从而不能有效传递市场信息，此时市场便会出现局部不均衡的状态，甚至可能在某些市场工具的杠杆作用之下，演变成为全局性、系统性的不均衡。

在主流经济学的观点中，市场失灵的另一个显著表现便是外部性的存在。外部性是指人们进行经济活动的一部分收益或成本不用自行承担，如果产生的部分收益自身不能享受时，则成为外部经济；若本应负担的成本，自身不用负担时，则成为外部不经济。外部经济与外部不经济被统一称为外部性。外部性产生的主要原因是市场缺乏有效机制去合理调节外部性的制造者与承受者之间的矛盾。市场对外部性的无能为力主要体现在市场不能有效界定“公共品”的产权与难以处理商品与服务的“外溢性”上，所以公共品必须由政府集中提供。同时市场的价格机制也会导致公平与效率的选择问题，影响社会公平，容易造成社会的不稳定。“城市—乡村”平衡点的出现便是市场失灵的一种体现，虽然城乡间要素总量流动趋于平衡，但城乡间要素配置呈现出结构性不平衡的特点，单纯依靠价格机制的传导作用很难自发调整资源配置，有可能使城乡发展陷入“中间区间”。

市场失灵的出现为政府干预市场提供了现实依据，在 20 世纪 30 年代经济危机的背景下，凯恩斯主义为政府干预市场提供了理论依据。凯恩斯主义主张政府应当通过强有力的财政政策与货币政策，干预宏观经济运行，以实现经济增长与充分就业等政策目标。凯恩斯主义所代表的政策主张认为，政府比一般的市场主体掌握更多的市场信息，能够有效弥补市场主体由于信息失真所产生的试行错误。政府所实行的政策即总需求管理政策，在对总需求的刺激过程中出现的“滞涨”现象，是由于政府对经济的试行举措体量较大，所以容易扭曲了原有的资源配置模式，造成经济体内部资源错配的现象，这种现象又被称为“政府失灵”。究其原因，主要有以下几点：第一，在目前的技术水平之下，政府并不具备准确搜集各类偏好人群信息的能力，进而制定符合各类偏好人群的经济政策。第二，政府经济政策的制定依靠的是已有的信息数据，相机抉择难以把握经济发展过程中的突发性、非连续性状态。第三，政府官员也存在私心，不能期盼所有政府官员均把社会利益最大化作为施政目标。但政府如果放弃对市场的干预，任由市场形成区域差异、行业差异，不仅会对全国经济的有效运行产生有害的威胁，还有可能带来有害的政治与社会后果。所以政府应当构建"有为政府"与"有效市场"，整合"有为政府"与"有效市场"之间的关系，明确政府在促进经济发展中的作用，以更有效的方式促进经济发展。

"城市—乡村"平衡点的出现，受制于可转移要素总量，但如果存在外生刺激，促进要素实现跨区流动，便可以尽可能地缓解总量不足的问题。根据上述分析，平衡点的出现是市场失灵的一种表现，但需要注意的是，政府如果实行"偏袒性"的政策，虽然短期内会促进区域经济的强势增长，但长期来看，可能会形成要素的"路径依赖"，扭曲资源配置结构。当政府出台相关措施补贴农业发展时，通过定量分析可知，农林牧渔业面临着严重的"补贴"性人力资本价格扭曲，人力资本配置过多，亟须向其他行业转移。

所以，单一地通过政策补贴的方式难以产生"城市—乡村"平衡点，反倒会使其进入"中间区域"，产生路径依赖。因此，借鉴陈云贤关于"有为政府"与"有效市场"的论述，提出政府在产生"城市—乡村"平衡点中的作用。第一，政府应当明确自身定位，避免从微观层面干预经济发展，尊重市场规律，遵循市场规则，保障公平竞争；维护经济秩序，监督经济系统的异常波动，稳定经济发展；制定合理的区域发展战略，有效调配资源。第二，政府应当支持各种经济组织的经济试验活动，经济发展的有效方法是，由政府提供给人们利用价格制度自由试验各种经济组织结构的条件。上述所提到的组织试验也就是平时人们所看到的各种试点改革，如经济特区、经济技术开发区以及各种试验区等。

第二节　乡村振兴的实施背景

一、“后脱贫时代”乡村振兴的总体要求

2020 年 4 月，习近平总书记在陕西考察时曾指出：“脱贫摘帽不是终点，而是新生活、新奋斗的起点。接下来要做好乡村振兴这篇大文章，推动乡村产业、人才、文化、生态、组织等全面振兴。”[①]

2021 年 2 月，全国脱贫攻坚总结表彰大会的召开标志着我国脱贫攻坚取得了全面胜利。现行标准下 9899 万农村贫困人口全部脱贫，832 个贫困县全部“摘帽”，12.8 万个贫困村全部出列，区域性整体贫困得到解决，完成了消除绝对贫困的艰巨任务。2023 年是巩固拓展脱贫攻坚成果同乡村振兴有效衔接的关键之年，各地区各有关部门认真贯彻习近平总书记关于“三农”工作的重要论述，全面落实党中央、国务院决策部署，把巩固拓展脱贫攻坚成果作为全面推进乡村振兴的底线任务扎实推进，取得显著成效。截至 2023 年 10 月底，全国脱贫人口务工规模 3298.25 万人，超目标任务 279.08 万人。前三季度，脱贫县农村居民人均可支配收入 11590 元，同比增长 8.1%、高于全国农民平均水平 0.5 个百分点。[②]

在探索如何助力贫困人口全面摆脱贫困的道路上，精准扶贫政策的深入实施显得尤为关键。政府针对这一难题，已经精心策划并推出了一系列具有针对性的支持措施，它们广泛涉及产业扶持、就业促进、健康保障、教育培训、危房改造、易地扶贫搬迁、社会保障体系建设以及生态扶贫等多个领域。这些措施的目标不仅在于短期的扶贫解困，更在于帮助贫困人口实现长期稳定的脱贫致富。为了确保扶贫政策的精准有效，政府强调了因地制宜、因人而异的原则，这意味着扶贫措施将根据各个村庄、不同家庭乃至个人的实际情况进行差异化实施。第一，政府对贫困人口建立详细的档案，深入分析其贫困的根源和形式，确保扶贫措施能够有效帮助贫困人口脱贫致富。例如，对于因缺乏产业支持而贫困的地区，政府会推动当地产业发展，提供技术培训和市场开拓支持；对于因病致贫的家庭，政府将加大健康扶贫力度，提供医疗救助和普及疾病预防知识；对于因教育落后而陷入贫困的个人，政府将资助其接受教育培训，提升其就业能力和收入水平。

---

① 司梦侠．践行新发展理念 做好乡村振兴必答题[J]．理财：经论版，2022(5)：3．

② 中国社会帮扶网．2023 年我国脱贫攻坚成果持续巩固拓展 [EB/OL]．(2023—12—19) [2023—12—26]．https：//baijiahao.baidu.com/s?id=1785702938072199332&wfr=spider&for=pc．

第二，政府还注重扶贫工作的可持续性和长效性。在产业扶贫方面，政府不仅提供资金支持，还引入市场机制和龙头企业，促进产业链的形成和发展；在就业扶贫方面，政府通过职业技能培训和创业扶持，帮助贫困人口提升自身能力、实现稳定就业；在生态扶贫方面，政府推行退耕还林、水土保持等生态工程，既改善了生态环境，又为贫困人口提供了新的增收途径。

因此，后脱贫时代仍需持续用力培育长效脱贫机制，健全、完善脱贫体系防止返贫，及时化解返贫风险，巩固脱贫成果。对易返贫致贫的地区及人口要加强监测，做到早发现、早干预、早帮扶。目前，我国发展不平衡不充分的问题仍然存在，部分脱贫的地区和人口依然面临着较大的返贫风险，有一部分脱贫户虽然基本生活有了保障，但是收入水平仍然不高，脱贫基础还比较薄弱，抗风险能力差，所以巩固拓展脱贫攻坚成果的任务依然艰巨，不能放松警惕。

2011—2020 年我国农村贫困人口及贫困发生率情况如图 1−2−1 所示。脱贫攻坚完成后，中央机构密集出台了多项政策文件，推进脱贫攻坚与乡村振兴有效衔接，重点体现在以下四个方面。

一是强化党在脱贫攻坚与乡村振兴上的指导作用。以习近平新时代中国特色社会主义思想为指导，坚持中央统筹、省负总责、市县乡抓落实的工作机制，充分发挥各级党委总揽全局、协调各方的领导作用，省、市、县、乡、村五级书记抓扶贫，巩固拓展脱贫攻坚成果和乡村振兴，健全乡村振兴领导体制与工作体系。

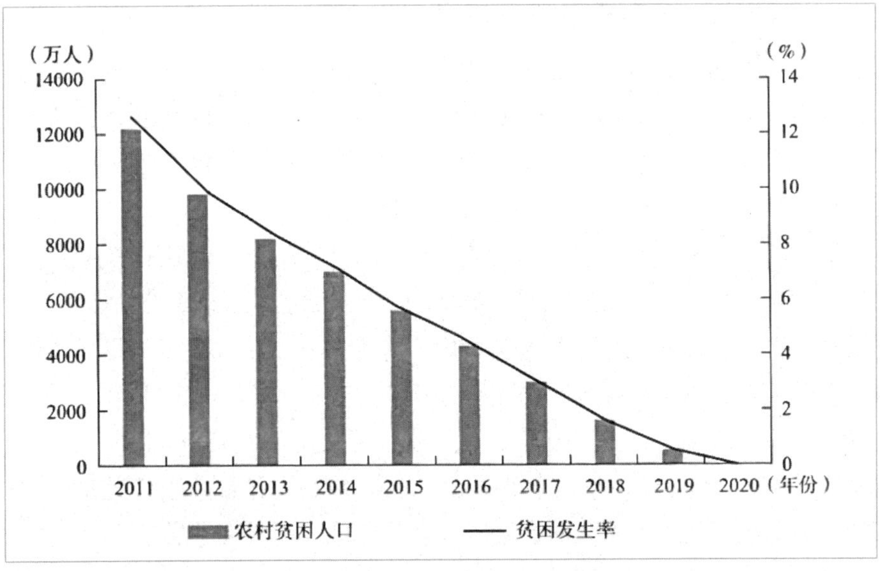

图 1−2−1　2011—2020 年我国农村贫困人口及贫困发生率情况（资料来源：国家统计局）

二是保持脱贫攻坚政策的延续性。在脱贫的过渡期内保持现有主要帮扶政策总体稳定，对脱贫县、脱贫村、脱贫人口“扶上马、送一程”，确保脱贫群众不返贫。在主要帮扶政策保持总体稳定的基础上，分类优化调整，合理把握调整节奏、力度和时限，增强脱贫稳定性。过渡期内严格落实“四个不摘”要求，摘帽不摘责任，防止松劲懈怠；摘帽不摘政策，防止“急刹车”；摘帽不摘帮扶，防止一撤了之；摘帽不摘监管，防止贫困反弹。

三是做好产业和人才文章，培育“造血”机制。脱贫攻坚与乡村振兴要防止政策养懒汉和泛福利化倾向，激励有劳动能力的低收入人口勤劳致富。坚持以人民为中心的发展思想，坚持共同富裕方向，加快推进脱贫地区乡村产业、人才、文化、生态、组织等全面振兴，为全面建设社会主义现代化国家开好局、起好步，奠定坚实基础。

四是坚持政府推动引导、社会市场协同发力。坚持和完善东西部协作和对口支援、社会力量参与帮扶机制，在保持现有结对关系基本稳定和加强现有经济联系的基础上，调整优化结对帮扶关系，将现行一对多、多对一的帮扶办法，调整为原则上一个东部地区省份帮扶一个西部地区省份的长期固定结对帮扶关系。坚持行政推动与市场机制有机结合，发挥集中力量办大事的优势，广泛动员社会力量参与，形成巩固拓展脱贫攻坚成果、全面推进乡村振兴的强大合力。

二、乡村振兴是实现共同富裕的必经之路

在党的十九届五中全会上，中共中央首次提出把“全体人民共同富裕取得更为明显的实质性进展”纳入“十四五”规划和2035年远景目标，提出到2035年，人民生活更加美好，人的全面发展、全体人民共同富裕取得更为明显的实质性进展。

2021年7月19日印发的《浙江高质量发展建设共同富裕示范区实施方案(2021—2025年)》提出，经济高质量发展、收入分配制度改革、公共服务、人文、生态、社会和睦团结向上等9个大类目标、52个细化目标，并且制订了具体的定量与定性目标，旨在量力而行、循序渐进。

2021年7月1日，习近平总书记在庆祝中国共产党成立100周年大会上的重要讲话中强调，“着力解决发展不平衡不充分问题和人民群众急难愁盼问题，推动人的全面发展、全体人民共同富裕取得更为明显的实质性进展”[①]。

① 王静文. 为“美好生活需要”提供有力金融支持[J]. 金融博览，2021（11）：13-15.

2021 年 8 月 17 日，习近平总书记主持召开了中央财经委员会第十次会议，研究扎实促进共同富裕问题。这意味着在新发展阶段，党中央把“共同富裕”摆在更加重要的位置，围绕“共同富裕”的改革将是未来我国发展的长期政策框架。

我国过去在“效率优先”模式下的快速发展下积累了大量财富，但在新发展阶段要重视在增量发展中侧重财富分配的平衡，在“效率优先”的前提下，加大“兼顾公平”的力度；同时，要认识到推进共同富裕是一项具备长期性、艰巨性、复杂性的任务，要尽力而为、量力而行、循序渐进，政策的落实也需因地制宜探索有效路径，总结经验，逐步推开。

我国乡村振兴有关会议／政策如表 1–2–1 所示。

表 1–2–1　我国乡村振兴有关会议／政策

序号	发布时间	会议／政策	内容
1	2020 年 10 月 26 日	党的十九届五中全会	扎实推动共同富裕，不断增强人民群众获得感、幸福感、安全感，促进人的全面发展和社会全面进步；到 2035 年，人民生活更加美好，人的全面发展、全体人民共同富裕取得更为明显的实质性进展
2	2020 年 11 月 3 日	《中共中央关于制订国民经济和社会发展第十四个五年规划和二〇三五年远景目标的建议》	到 2035 年我国人均国内生产总值将达到中等发达国家水平，中等收入群体显著扩大，基本公共服务实现均等化，城乡区域发展差距和居民生活水平差距显著缩小。同时，人民生活更加美好，人的全面发展、全体人民共同富裕取得更为明显的实质性进展
3	2021 年 1 月 11 日	省部级主要领导干部学习贯彻党的十九届五中全会精神专题研讨班	实现共同富裕不仅是经济问题，而且是关系党的执政基础的重大政治问题；要统筹考虑需要和可能，按照经济社会发展规律循序渐进，自觉主动解决地区差距、城乡差距、收入差距等问题
4	2021 年 7 月 1 日	庆祝中国共产党成立 100 周年大会	着力解决发展不平衡不充分问题和人民群众急难愁盼问题，推动人的全面发展、全体人民共同富裕取得更为明显的实质性进展
5	2022 年 1 月 4 日	《中共中央 国务院关于做好 2022 年全面推进乡村振兴重点工作的意见》	做好 2022 年“三农”工作，要以习近平新时代中国特色社会主义思想为指导，全面贯彻党的十九大和十九届历次全会精神，深入贯彻中央经济工作会议精神，坚持稳中求进工作总基调，立足新发展阶段、贯彻新发展理念、构建新发展格局、推动高质量发展，促进共同富裕，坚持和加强党对“三农”工作的全面领导，牢牢守住保障国家粮食安全和不发生规模性返贫两条底线，突出年度性任务、针对性举措、实效性导向，充分发挥农村基层党组织领导作用，扎实有序做好乡村发展、乡村建设、乡村治理重点工作，推动乡村振兴取得新进展、农业农村现代化迈出新步伐

续表

序号	发布时间	会议／政策	内容
6	2023年1月2日	《中共中央 国务院关于做好二〇二三年全面推进乡村振兴重点工作的意见》	做好2023年和今后一个时期“三农”工作，要坚持以习近平新时代中国特色社会主义思想为指导，全面贯彻落实党的二十大精神，深入贯彻落实习近平总书记关于“三农”工作的重要论述，坚持和加强党对“三农”工作的全面领导，坚持农业农村优先发展，坚持城乡融合发展，强化科技创新和制度创新，坚决守牢确保粮食安全、防止规模性返贫等底线，扎实推进乡村发展、乡村建设、乡村治理等重点工作，加快建设农业强国，建设宜居宜业和美乡村，为全面建设社会主义现代化国家开好局起好步打下坚实基础

共同富裕是社会主义的核心价值追求。乡村振兴是推动这一伟大目标实现的重要途径。在全面建设社会主义现代化国家的新征程中，我们必须深刻认识乡村振兴的战略意义，采取有力措施，加快推进农业农村现代化的进程，为实现全体人民共同富裕贡献坚实力量。乡村振兴的首要任务是巩固脱贫成果。脱贫攻坚战取得了全面胜利，但巩固脱贫成果、防止返贫的任务依然艰巨。我们要坚决贯彻落实中共中央关于脱贫攻坚和乡村振兴的决策部署，不断完善政策体系，强化产业扶持，加强基础设施建设，确保贫困人口稳定脱贫，为乡村振兴奠定坚实基础。

（一）把握农业农村发展的阶段性特征

改革开放40多年来，中国农业农村发展取得了长足进步，特别是党的十八大以来，以习近平同志为核心的党中央把解决好“三农”问题作为全党工作的重中之重，坚持农业农村优先发展的总方针，农业农村发展取得了历史性成就，发生了历史性变革。其一，我国粮食年产量连续多年保持在1.3万亿斤以上，粮食供给总体充裕。农民人均收入大幅提升，农民生活水平普遍提高。其二，农业现代化水平得到提高，农业物质技术装备水平大幅提升，现代生产要素和技术手段已成为农业发展的主要驱动力。其三，随着工业化、城镇化的快速推进，农村的人口结构、产业结构、村庄布局等发生深刻变化，整体发展水平跃上新台阶。

要严守18亿亩（1亩≈666.7平方米）耕地红线，实施高标准农田建设工程，夯实粮食生产能力基础，提高农业产业化经营水平，确保粮食安全；要推动新型城镇化高质量发展，进一步加大农村公共基础设施和公共服务投入，加快推进城乡基础设施和公共服务一体化；要进一步增加农民收入，缩小城乡收入差距，改善农民生活条件，促进农民全面发展。这些工作的开展需要建立一套完善的机制，以持续巩固脱贫攻坚的成果，并推动脱贫地区实现全面发展。这一机制的建立不仅是为了解决当前的农村、农业、农民问题，更是与实现全体人民共同富裕的宏伟目标紧密相连。因此，我们必须高度重视并积极支持这些工作的进行。

（二）促进农民增收是关键

习近平总书记指出，人民是我们党执政的最深厚基础和最大底气[①]。为人民谋幸福、为民族谋复兴，这既是我们党领导现代化建设的出发点和落脚点，也是新发展理念的“根”和“魂”。

乡村振兴战略是我国新时代农业农村发展的重要战略，旨在推动农业农村现代化，确保农民在共同富裕的道路上取得实质性进展。这一战略不仅关系到亿万农民的福祉，也是国家整体经济发展和社会稳定的基石。因此，我们必须全力支持并推动乡村振兴战略的实施，确保农民在实现共同富裕方面取得显著成果。推动农村集体经济的发展是增加农民收入的重要途径。农村集体经济是农民共同拥有和管理的经济组织形式，发展农村集体经济，可以提升村集体和农民个人的收入水平。我们需要继续加大力度推动农村集体经济的发展，鼓励农民参与集体经济活动，提高集体经济的效益和影响力。具体来说，应当重点培养新一代从事农业工作的人才，增加对现代职业农民培训的投资；通过加强农业教育和培训，提升农民的专业技能和素质水平，使他们能够更好地适应现代农业发展的需求；同时，还应鼓励年轻人回到农村从事农业工作，为乡村振兴注入新的活力。

（三）提升农业供给质量是主线

农业作为国家的根本产业，承载着维护社会稳定、保障人民安居乐业的重任。它不仅关系到亿万农民的生计，更是整个国家经济发展的基础。然而，当前我国农业仍然面临多方面的挑战与不足，需要我们共同努力来推动农业的持续健康发展。提升农产品质量是农业发展的核心任务之一。随着人们生活水平的提高，消费者对农产品的品质要求也越来越高。因此，农业相关部门需要加强对农产品质量安全的监管，推动农业生产向绿色、有机、无公害方向发展。同时，我们还应加强农业科技创新，提高农业生产的科技含量，从而提升农产品的品质，增加农产品的产量。在这一过程中，要扎实推进粮食生产功能区和重要农产品生产保护区建设，不断提高粮食产量，把中国人的饭碗牢牢端在自己手中；要稳定发放种

---

① 李君如．人民：共和国的坚实根基，共产党执政的最大底气：第八届世界中国学论坛上的演讲 [J]. 国别和区域研究，2019（4）：7.

粮农民的补贴，切实保证农民种粮有合理收益，从而提高农民种粮的积极性；要进一步优化农业结构，推动品种培优、品质提升、品牌打造和标准化生产，深入推进优质粮食工程，切实提高农产品供给质量；要加快构建现代养殖体系，全面提高农业产业化经营水平；要构建现代乡村产业体系，打造农业全产业链，加快健全现代农业全产业链标准体系；要推进现代农业经营体系建设，发展壮大农业专业化、社会化服务组织，支持农业产业化及龙头企业的创新发展、做大做强。

（四）推进城乡一体化建设是基础

城乡一体化是一个涉及社会、文化、生态等多方面的综合性问题。在推进城乡一体化的过程中，我们必须坚持共享发展的理念，优先提升农村基础设施建设和基本公共服务水平，加强农村治理并增加治理投入以推动乡村振兴基础设施建设，最终实现城乡一体化的目标。

首先，加快推进村庄规划的步伐是实现城乡一体化的重要一环。在这个过程中，我们需要重点保护传统村落、传统民居和历史文化名村名镇的完整性。这不仅仅是出于对历史文化的尊重和保护，更是为了让乡村的景色在保持独特的民俗特色的同时，与现代元素融合在一起，实现传统与现代的和谐共生。同时，村庄规划还需要考虑农民的生活需求和发展需求，合理规划村庄的空间布局，优化村庄的生态环境，提高农民的生活品质。

其次，加大对公共基础设施建设的投入是实现城乡一体化的关键。我们需要提高公共服务的智能化水平，让农民也能享受到与城市居民同等水平的公共服务，特别需要推动公共基础设施普及至农村地区和农村家庭，加快推动数字乡村建设的进程。这不仅可以让农民的生活更加便利，还能提高农村的经济发展水平，缩小城乡差距。

第三节　乡村振兴的战略意义及规划

实施乡村振兴战略是新时代做好“三农”工作的总抓手。

一、乡村振兴战略的背景及重要意义

乡村振兴战略是我国推进农村税费改革、新农村建设、城乡一体化改革后的又一重大战略决策，具有重大的历史性、理论性和实践性意义。

（一）乡村振兴战略的背景

1. 我国“三农”政策的变迁

进入新世纪之前，我国实施农业支持工业的战略，主要通过从农业中汲取资金支持工业。进入新世纪以后，我国逐步将农业支持工业的战略转变为工业反哺农业战略。

2002 年，党的十六大报告首次提出了“统筹城乡经济社会发展”。2004 年 9 月，党的十六届四中全会上提出了“两个趋向”的重要论断。第一个趋向，即在工业化初始阶段，农业支持工业、为工业提供积累是带有普遍性的趋向，绝大多数国家在工业化初期阶段发展工业的资金都来自农业。第二个趋向，即在工业化达到相当程度以后，工业反哺农业、城市支持农村，实现工业与农业、城市与农村协调发展，也是带有普遍性的倾向，在理论界被称为工业化中期阶段。在“两个趋向”的基础上，胡锦涛又提出“我国现在总体上已进入以工促农、以城带乡的发展阶段”的重要判断。

2005 年 3 月，我国政府提出了调整国民收入分配结构的政策，这一决策是为了更好地适应我国经济发展新阶段的需求。这次政策调整的重点在于大力扶持农业和农村的发展，积极倡导工业支持农业、城市带动农村的发展模式。2006 年，中央一号文件强调了新农村建设要按照“生产发展、生活宽裕、乡风文明、村容整洁、管理民主”的要求，协调推进农村经济建设、政治建设、文化建设、社会建设和党的建设。这为我国新农村建设指明了方向，也为各级政府和相关部门提供了工作的依据和动力。从 2004 年的《中共中央 国务院关于促进农民增加收入若干政策的意见》开始，我国就开始了一系列的农业税收减免措施。当年，农业税税率总体下调了 1 个百分点，同时废除了烟叶之外的农业特产税。到了 2005 年，中央一号文件进一步明确了减少或免除农业税款的要求，并取消了除烟叶税外的其他农业特产税。这一政策的出台，不仅进一步减轻了农民的负担，也表明了国家在农业和农村发展方面的决心和力度。同时，国家还扩大了农业税减免的范围，增加了减免的力度使更多的农民受益。最终，在 2005 年 12 月 29 日，第十届全国人大常委会第十九次会议通过了废除农业税条例的决定。这一决定的作出，标志着我国农业税收制度的重大改革，也标志着我国农业和农村发展进入了一个新的阶段。废除农业税，不仅是对农民的极大关怀，也是对我国农业和农村发展的全面支持。

从 2004 年开始，我国对主要农产品实施了最低收购价格政策。2004 年、

2005 年主要针对稻谷实施最低保护价收购，2006 年开始对小麦实施最低保护价收购。随后，我国对其他农产品也实行了相应的价格保护政策。由于 2008 年后政府最低收购价逐年提升，我国主要农产品价格也逐渐高于国际生产价格。2015 年、2016 年国内主要农产品价格已经大大高于国际同类农产品价格，每种产品的价格在不同时期高出的幅度也不同。在这种情况下就需要改革我国主要农产品的价格形成机制。因此，从 2014 年开始，我国对粮食价格形成机制进行改革，对大豆和棉花实行目标价格制度。2016 年，财政部印发了《关于建立玉米生产者补贴制度的实施意见》，取消了部分地区的玉米临时收储政策，实行生产者补贴政策。

在公共事业上，2006 年，我国对西部地区农村义务教育阶段的学生全部免除学杂费；2007 年，对全国农村义务教育阶段学生全部免除学杂费。从居民养老保险制度来看，2007 年 10 月，党的十七大报告强调，“覆盖城乡居民的社会保障体系基本建立，人人享有基本生活保障”，并强调要“探索建立农村养老保险制度”。2009 年，国务院发布了《关于开展新型农村社会养老保险试点的指导意见》，新型农村社会养老保险（简称新农保）从 2009 年开始实施。新农保试点的基本原则是“保基本、广覆盖、有弹性、可持续”。2014 年，国务院印发了《关于建立统一的城乡居民基本养老保险制度的意见》，文件提出，“十二五”末，在全国基本实现新农保和城镇居民社会养老保险制度合并实施，并与职工基本养老保险制度相衔接；2020 年前，全面建成公平、统一、规范的城乡居民养老保险制度。从医疗保险领域来看，2012 年，国家发展和改革委员会（简称国家发展改革委）、卫生部等六部门发布了《关于开展城乡居民大病保险工作的指导意见》。2015 年，国务院办公厅发布了《关于全面实施城乡居民大病保险的意见》，开始在全国推行城乡居民大病保险。2016 年，国务院印发了《关于整合城乡居民基本医疗保险制度的意见》，把城镇居民基本医疗保险和新型农村合作医疗整合在一起，建立统一的城乡居民基本医疗保险（城乡居民医保）制度。

党的十八大以来，我国农业农村政策的很多方面体现在中央一号文件上。2013 年中央一号文件《中共中央 国务院关于加快发展现代农业进一步增强农村发展活力的若干意见》，其中第六部分是“改进农村公共服务机制，积极推进城乡公共资源均衡配置”。2013 年中央一号文件还强调要“努力建设美丽乡村”。2015 年，国家质量监督检验检疫总局、国家标准化管理委员会发布《美丽乡村建设指南》国家标准，就是用于指导全国不同地区不同情况的美丽乡村建设。2016 年中央一号文件强调，“加快建设社会主义新农村”“社会主义新农村建设水平进一步提高”。2017 年中央一号文件强调，要“壮大新产业新业态，拓展农业产业链价值链”“大力发展乡村休闲旅游产业”“培育宜居宜业特色村镇”“支持有条件的乡村建设以农民合作社为主要载体、让农民充分参与和受益，集循环农业、创意农业、农事体验于一体的田园综合体”。

党的二十大擘画了以中国式现代化全面推进中华民族伟大复兴的宏伟蓝图。全面建设社会主义现代化国家，最艰巨最繁重的任务仍然在农村。世界百年未有之大变局加速演进，我国发展进入战略机遇和风险挑战并存、不确定难预料因素增多的时期，守好“三农”基本盘至关重要、不容有失。党中央认为，必须坚持不懈把解决好“三农”问题作为全党工作重中之重，举全党全社会之力全面推进乡村振兴，加快农业农村现代化。强国必先强农，农强方能国强。要立足国情农情，体现中国特色，建设供给保障强、科技装备强、经营体系强、产业韧性强、竞争能力强的农业强国。做好2023年和今后一个时期“三农”工作，要坚持以习近平新时代中国特色社会主义思想为指导，全面贯彻落实党的二十大精神，深入贯彻落实习近平总书记关于“三农”工作的重要论述，坚持和加强党对“三农”工作的全面领导，坚持农业农村优先发展，坚持城乡融合发展，强化科技创新和制度创新，坚决守牢确保粮食安全、防止规模性返贫等底线，扎实推进乡村发展、乡村建设、乡村治理等重点工作，加快建设农业强国，建设宜居宜业和美乡村，为全面建设社会主义现代化国家开好局起好步打下坚实基础。

2.“三农”工作取得的成效

（1）粮食总产量年年丰收

根据国家统计局数据，2004—2015年，我国粮食生产实现了12年连续增产。虽然2016年的全国粮食总产量（61625万吨）较2015年的全国粮食总产量（62144万吨）有所降低，但降低的数量并不多。2017年全国粮食总产量是61791万吨，虽然在总量上没有超过2015年的62144万吨，但是较2016年的61625万吨还是有所提升。总体来讲，从2004年到2017年，我国粮食总产量虽然没有形成“十四连增”，但却是“十四连丰”，全国粮食从2004年开始每年都是丰收的状态。

2021年粮食总产量创历史新高，达到13 657亿斤，人均粮食占有量达到483公斤，高于国际公认的400公斤粮食安全线，做到了谷物基本自给、口粮绝对安全。粮食产能稳定提升，产量连续7年稳定在1.3万亿斤以上。①

（2）农村居民人均纯收入快速增长

根据国家统计局数据，2012年农村居民人均纯收入7917元，实际增长

① 张签名．全方位夯实粮食安全根基 须重视粮食储备安全[J]．农产品市场，2022（22）：12—14．

10.7%，高于国内生产总值（2012 年国内生产总值增速为 7.7%）。2016 年农村居民人均可支配收入 12363 元，实际增长 6.2%，低于国内生产总值增速（2016 年国内生产总值增速为 6.7%），但是 2017 年农村居民人均可支配收入实际增长又大于国内生产总值的增长。城乡居民收入之比从 2010 年开始呈下降状态，2016 年是 2.72 ：1。2021 年，农村居民人均可支配收入达 18931 元，比 2012 年翻了一番多，农民生产生活水平上了一个大台阶。①

（3）脱贫攻坚取得显著成效

2021 年 2 月 25 日，习近平总书记在全国脱贫攻坚总结表彰大会上向全世界宣告中国举世瞩目的减贫成就："我国脱贫攻坚战取得了全面胜利，现行标准下 9899 万农村贫困人口全部脱贫，832 个贫困县全部摘帽，12.8 万个贫困村全部出列，区域性整体贫困得到解决，完成了消除绝对贫困的艰巨任务，创造了又一个彪炳史册的人间奇迹！"② 第三次全国农业普查主要数据公报显示，截至 2016 年底，全国有 99.3% 的村通公路，村内主要道路有路灯的村占全部村的比重是 61.9%，全国通电的村占全部村的比重是 99.7%，91.3% 的乡镇集中或部分集中供水，90.8% 的乡镇生活垃圾集中处理或部分集中处理，73.9% 的村生活垃圾集中处理或部分集中处理，17.4% 的村生活污水集中处理或部分集中处理，53.5% 的村完成或部分完成改厕。③ 从农户来看，10995 万户的饮用水为经过净化处理的自来水，占 47.7%；使用水冲式卫生厕所的农户共 8339 万户，占 36.2%，也就是说，1/3 以上的农户已经使用水冲式卫生厕所了；无厕所的 469 万户，只占 2.0%。④

3."三农"工作面临的形势

当前的"十四五"时期和今后一个时期，农业农村发展面临的挑战和机遇并存。我们需要保持清醒头脑，准确识变、科学应变、抢抓机遇，在危机中育先机、于变局中开新局。面对内外部环境错综复杂，"三农"领域的风险挑战也逐渐增加。

一是国际环境不确定性增加。国际产业链供应链不稳定性增加，对我国粮食安全和农业农村发展带来较大影响。二是粮食安全基础仍不稳固。虽然我国农业

① 人民网．中国之治，展现更为旺盛的生机活力[EB/OL]．(2022-07-22) [2023-12-26]．https：//baijiahao.baidu.com/s?id=1739001496090149233&wfr=spider&for=pc．

② 何成学．深刻把握全面建成小康社会的历史意义与经验启示[J]．当代广西，2021（7）：11-12．

③ 中国政府网．第三次全国农业普查主要数据公报（第三号）[EB/OL]．(2017-12-15) [2023-12-26]．https：//www.gov.cn/xinwen/2017-12-15/content_5247339.htm．

④ 中国政府网．第三次全国农业普查主要数据公报（第四号）[EB/OL]．(2017-12-16) [2023-12-26]．https：//www.gov.cn/xinwen/2017-12-16/content_5247677.htm．

连续多年丰收、市场供应总体充裕，但粮食供求紧平衡的格局没有改变，今后一个时期粮食需求将继续增加，影响粮食安全的隐患仍然存在。三是农村补短板任务十分艰巨。多数村庄的村内道路没有硬化，生活污水治理设施覆盖的行政村占比低，农村民生领域欠账较多，城乡基本公共服务和收入水平差距大。四是农业农村改革有待深化。农业农村改革在“扩面、提速、集成”方面存在不足，农村土地制度改革和集体产权制度改革在基层实践中面临一些困难，农村支持保护政策有待完善，乡村振兴面临的人才、土地、资金等要素瓶颈比较突出。五是农民持续增收的动力减弱。受国际经济下行影响，农民工就业形势较为严峻，加上产业转型升级、人工智能等技术进步影响，农民工就业空间有所缩小。

（二）实施乡村振兴战略的重要意义

1. 解决发展不平衡不充分矛盾的迫切要求

自改革开放以来，在快速工业化和城市化的进程中，我国逐渐凸显出城乡差距扩大和城乡发展不平衡的问题。这一问题不仅反映了社会发展的阶段性特征，也揭示了人民群众对美好生活的追求与发展实际之间的深层次矛盾。城乡发展不均衡是我国当前面临的主要挑战之一。在工业化、城市化的推动下，城市经济快速发展，而农村地区相对滞后，这种不均衡的发展模式导致了城乡之间的差距逐渐扩大，不仅体现在经济水平上，还体现在教育、医疗、文化等多个领域。农民往往面临着收入水平较低、受教育机会较少、医疗保障不足等问题，这与城市居民享有的优质资源形成了鲜明的对比。另外，农村内部发展的不均衡问题也不容忽视，即使在农村地区，也存在着发展水平的差异。一些农村地区由于地理位置、资源条件等因素的限制，发展相对滞后，农民生活水平较低。这与部分资源充沛、交通便利的农村在发展上产生了差异。我们必须深刻认识到城乡发展不均衡和农村内部发展不均衡的严重性。通过积极推进乡村振兴战略，促进城乡一体化发展和减少农村内部发展的不均衡，有助于更好地满足人民群众对美好生活的向往，实现全面建设社会主义现代化国家的宏伟目标。

2. 解决市场经济体系运行矛盾的重要抓手

改革开放以来，中国坚定不移地推进社会主义市场经济改革，使得市场在资源分配中发挥着日益重要的作用。这一转变不仅提高了社会资源分配的效率，促进了生产力的增长，还推动了社会分工的深入和精细。市场的蓬勃发展，为中国经济的腾飞奠定了坚实基础。然而，随着市场的深入发展，我们也必须清楚地看到市场结构所带来的生产过剩和经济危机等问题。这些问题不仅影响经济的稳定，还可能对社会造成深远影响。

为了应对这些挑战，我们需要综合考虑国际与国内因素，采取切实可行的措施。一方面，我们应积极倡导开放经济政策，促进新的对外开放格局的形成，以吸引更多的国际资本和技术，提升国内产业的竞争力。另一方面，我们必须将实施乡村振兴战略作为关键举措，通过制定针对性的、长期的经济稳定发展战略，推动农村经济的持续发展。

在当前国际形势日益不明朗的背景下，乡村振兴战略因其可靠性、前景和益处而备受看好。实现农业农村现代化的关键要素涵盖了多个方面，如调整主要农产品的供需关系、帮助农村多余劳动力就业转岗、增加农民收入、助推贫困地区发展、推进农村改革等。这些措施不仅有助于提升农业生产的效率和质量，还能为农民创造更多的就业机会和收入来源，进一步推动农村经济的繁荣。同时，我们还应积极推动农村基础设施建设，为乡村振兴战略的实施打下坚实基础。这包括加强农村道路、水利、电力、通信等基础设施建设，提升农村公共服务水平，为农民创造更好的生产和生活环境。

3. 解决农业农村现代化的重要内容

乡村振兴战略是党的十九大作出的重大决策部署，不仅承载了全国城乡居民的发展期望，更引领着农业农村现代化的步伐，为建设社会主义新农村提供了坚实的支撑。首先，乡村振兴战略的实施需要统一思想、提升认识。这意味着我们要深刻理解乡村振兴的重大意义，明确其在国家发展全局中的战略地位。通过广泛宣传和教育，广大群众应充分认识到乡村振兴的重要性和紧迫性，逐渐形成全社会共同参与的良好氛围。其次，在明确目标的基础上，我们还需要健全体制、加速建设。这包括完善农村产权制度、加强农村基础设施建设、提升农村公共服务水平等方面。通过改革创新激发农村发展的内生动力，为乡村振兴注入强大动力。最后，加强领导和服务也是乡村振兴战略实施的关键。各级政府要切实履行主体责任，加强组织领导，确保各项政策措施落到实处，同时，还要强化服务意识，为农民提供更多、更好的服务，帮助他们解决生产生活中的实际问题。

乡村振兴战略的内涵十分丰富，层次复杂，目标宏大。它不仅涉及农业、农村和农民问题，还涉及城乡关系、区域发展、生态环境保护等多个方面。这一战略的实施，将推动我国农村工作进入新的发展阶段，展现出全新的方向和理念。在实施乡村振兴战略的过程中，我们要坚决支持农业农村优先发展，确保农业农村投入力度不断加大，农业农村发展环境不断优化；要坚定推进城乡融合发展，实现城乡资源共享、优势互补、协同发展。

二、推进乡村振兴的战略导向

（一）坚持高质量发展

2017 年，中央经济工作会议提出，“推动高质量发展是当前和今后一个时期确定发展思路、制订经济政策、实施宏观调控的根本要求”①。习近平总书记在党的二十大报告中提出，“高质量发展是全面建设社会主义现代化国家的首要任务”②。实施乡村振兴战略是推动我国现代化经济体系建设的重大举措，而推动乡村振兴的高质量发展，则是确保这一战略成功的关键所在。我们要在各个方面都坚持高质量发展的理念，以创新驱动、质量第一、绿色发展为导向，全面推进乡村振兴战略的实施，为实现农村全面振兴和农业现代化做出积极贡献。

1. 突出抓重点、补短板、强弱项的要求

随着城乡居民收入水平和消费能力的不断提升，人们对个性化、多样化、优质化和可持续发展的产品和服务的需求日益增长。这意味着农业和农村产业的进步必须紧跟需求结构的变化，不仅要满足现有需求，还要创造和引领新的消费需求。在推动农村产业发展的过程中，我们需要全面考虑生产、生活和生态功能等多方面需求。产业发展不仅要追求经济效益，还要注重资源环境的可持续利用，以及社会文化的传承和创新。例如，在农业发展中，我们应注重保护和传承乡村特色和乡村的传统文化，通过推广优质农产品和营造温馨的乡村氛围，提供体验式的农业服务，吸引更多的人才和城市居民到农村发展。我们还需要关注新兴消费群体的需求变化。农业发展需要更加注重创新和差异化，以满足新兴消费群体的多元化需求。在这一过程中，电子商务的发展为我们提供了新的机遇。电子商务具有出色的连接和匹配功能，可以提升消费者的购物体验，促进消费者便捷购物，增强供需之间的联系。通过电子商务平台，我们可以将优质的农产品和服务推广到更广泛的消费群体中，实现规模效益。

2. 突出推进供给侧结构性改革

农业作为国民经济的基础，其发展的质量、效率和竞争力等直接关系到整个供应链的优化。因此，我们必须以供给侧结构性改革为主线，通过科技创新、制度创新和管理创新，提高农业和农村产业的供给质量和效率。同时，我们还需要关注农业和农村产业在政治、文化、社会和生态等各方面的协调发展，实现各领

① 周子勋. 稳中求进基调下推进中国经济高质量发展[J]. 中国经济报告，2018（1）：2.

② 韩喜平，马晨铃. 深刻理解高质量发展是全面建设社会主义现代化国家的首要任务[J]. 广西师范大学学报（哲学社会科学版），2023，59（1）：1-7.

域的相互协调、相互关联。“三农”问题一直是全党工作的重中之重，这不仅是因为它涉及广大农民群众的切身利益，还因为它关系到国家的稳定和发展。贫困和弱势群体的问题，需要我们充分发挥市场机制的优势，优化资源分配，同时，注重政府的引导和调节作用。政府应该加大对农村发展的投入，推动农村基础设施建设，提高农村公共服务水平，为农村发展创造更好的环境。

乡村振兴战略的实施旨在促进农村发展，重建城乡关系，推动城乡一体化发展。在这一过程中，我们需要准确认识市场和政府在“三农”问题中的功能定位，充分发挥市场在资源配置中的决定性作用，同时也发挥政府作用，推动“三农”问题的有效解决。为了实现乡村振兴的目标，我们需要以农民为主体，提升农村人才素质，激发农村发展的潜在动力。同时，我们还需要鼓励工商资本、科技专家和社会力量融入乡村振兴，为农村发展注入新的活力。通过优化农村发展的要素、组织结构和布局方式，我们可以提升乡村振兴的水平、效果和竞争实力，实现农村经济社会的全面发展。

3. 协调处理实施乡村振兴战略与推进新型城镇化的关系

新型城镇化战略是我国城市化进程中的重要组成部分，旨在通过提高城镇化发展质量，推动城乡一体化发展，实现城镇地区经济社会的可持续发展。第一，在推动新型城镇化的过程中，我们需要将提高城镇化发展质量置于核心位置，注重城镇的可持续发展和居民的生活品质。同时，我们还需要根据实际情况灵活地利用优势条件、避免潜在风险，以确保新型城镇化的顺利推进。第二，在推动新型城镇化的过程中，我们需要充分发挥城市的集聚效应和辐射带动作用，促进城乡之间的资源共享和协同发展。通过优化城市规划和产业布局，提高城市的综合竞争力和可持续发展能力，吸引更多的人才和资源流入城市，从而推动城市的快速发展。第三，我们还需要注重解决“三农”问题，推动农村地区的经济社会发展。通过加强农村基础设施建设、提高农民技能素质、推动农村产业升级等措施，促进农村地区的经济繁荣和社会进步。这样不仅可以缩小城乡差距，还可以为城市的可持续发展提供有力的支撑。

乡村振兴战略的实施也将对新型城镇化产生深远影响。乡村振兴战略旨在促进农业农村的现代化，提升农业的综合效益和竞争力，实现农民的全面发展和农村社会的全面进步。这一战略的实施将推动农业农村政策的变革，为新型城镇化提供更为坚实的物质基础和社会环境。随着城镇化率的逐步提升，中国的城镇化进程将步入稳定阶段，呈现出新的发展趋势。在这一进程中，建立健全的制度机制和政策体系，促进城乡一体化发展，实施乡村振兴战略，将成为推动新型城镇化的关键所在。我们期待着在这一进程中，党和国家政府能够不断探索、创新，走出一条符合自身国情、具有中国特色的新型城镇化道路。

4. 科学处理实施乡村振兴战略与推进农业农村政策转型的关系

乡村振兴战略的核心目标是以农民为主体，全面提升农民的生活质量和幸福感，进而激发他们参与乡村振兴的积极性。这不仅是落实乡村振兴战略的基本原则之一，更是实现农民共同富裕、促进农村可持续发展的关键所在。2018 年，《中共中央 国务院关于实施乡村振兴战略的意见》（以下简称中央一号文件）明确提出了乡村振兴战略方向，强调要以农民为主角，充分发挥他们的主动性和创造力。这是因为在工业化、信息化、城市化和农业现代化的发展过程中，农民往往是最易受到影响和被排除在外的群体，他们的利益往往在提升幸福感和安全感方面是最脆弱的环节。因此，乡村振兴战略注重提升农民的获得感、幸福感和安全感，这无疑为乡村的繁荣稳定打下了坚实的基础。然而，在实施乡村振兴战略时，我们也需要清醒地认识到，农民由于自身的局限性可能会受到思想观念、技能水平和社会关系等方面的影响，这些因素可能会成为制约他们积极参与乡村振兴的障碍。我们可以通过政策引导、资金投入、技术支持等方式，帮助农民提升自身素质，增强他们参与乡村振兴的能力。同时，我们也需要积极引入社会力量和商业资源，为农民提供更多的就业和创业机会，以提高他们参与乡村振兴的积极性。

（二）坚持农业农村优先发展

中国作为一个拥有悠久农业传统的国家，农业、农村和农民问题一直是国家发展的重要组成部分。然而，在快速发展的城市化进程中，城乡之间的差距逐渐加大，农村地区的发展较为滞后，这不仅影响了农民的生活水平，也制约了整个国家的经济发展。优先发展农业和农村经济，不仅是为了解决当前发展的不平衡问题，更是为了实现全面建设社会主义现代化国家的目标。农业是国民经济的基础、农村是广大农民的家园、农民是我国人口的重要组成部分，农业、农村和农民问题，直接关系到国家的粮食安全、社会稳定和经济发展。

“三农”发展在促进社会稳定与和谐、调整收入分配、改善城乡关系、增强经济社会活力、提高就业水平以及加强风险应对能力等方面，具有显著的公共品特征。农业的稳定发展，能够保障国家的粮食安全，为国家的经济社会发展提供坚实的物质基础。农村的发展，能够改善农民的生活条件，缩小城乡差距，促进社会公平和谐。农民的收入增加，能够提高整个社会的消费水平，促进经济的持续发展。

2018年中央一号文件对农业农村发展作出了重要的战略部署，明确指出要将农业农村发展置于国家发展的首要地位，并作为实施乡村振兴战略的基本准则。这一决策体现了党和国家对农业农村发展的高度重视，也反映了我国农业农村发展的紧迫性和重要性。为了确保这一战略决策的有效实施，文件要求全党上下团结一致，形成共识，行动一致。在干部配备、要素配置、资金投入和公共服务等方面，都要优先保障农业农村发展的需要。这不仅是对农业农村发展的有力支持，更是对乡村振兴战略的具体落实。然而，如何确保农村和农业的重点发展得以持续推动呢？我们可以从国外，特别是发达国家的经验中寻找启示。这些国家往往通过制定一系列激励政策来支持中小型企业和农业农村的发展。这些政策不仅提供了资金支持，还提供了技术、市场等方面的帮助，有效促进了农业农村的发展。结合我国实际，我们可以从以下几个方面加强对农业农村发展的支持。

1. 以完善产权制度和要素市场化配置为重点

《国务院关于在市场体系建设中建立公平竞争审查制度的意见》（国发〔2016〕34号）提出，“公平竞争是市场经济的基本原则，是市场机制高效运行的重要基础”“统一开放、竞争有序的市场体系，是市场在资源配置中起决定性作用的基础”。在当今全球性的经济体系中，竞争政策与产业政策的协调与平衡尤为重要，这不仅关系到市场的公平与效率，还直接影响着国家经济的长远发展和国际竞争力的提升。为了实现这一目标，我们必须强调公平竞争的原则和环境，并付诸实践，以改善和保护市场竞争秩序，促进市场机制的有效运行。公平竞争是市场经济的基石，只有在公平的环境下，企业才能充分发挥其创新能力和市场活力，消费者才能获得更多优质、价廉的商品和服务。因此，政府应着力营造一个公开、透明、可预期的竞争环境，确保所有市场参与者都能在同一起跑线上竞争，这包括但不限于完善法律法规、加强监管执法、提高政策透明度等方面。

为了实现乡村振兴的目标，我们必须从多个方面巩固竞争政策的基础，积极营造一个有利于农村发展的市场环境。这不仅是为了提升农村的活力和竞争力，还是为了引导各类企业和服务机构在乡村振兴的过程中积极参与，展现其活力和竞争力，甚至成为引领者。在这个过程中，完善产权制度和促进要素市场化配置显得尤为重要。产权制度是市场经济的基础，也是乡村振兴的重要保障。在土地经营权方面，我们必须确保平等保护，同时兼顾集体土地所有权和农户承包权的合法权益，这不仅关系到农民的切身利益，也影响到新型农业经营主体的发展。在农业农村领域，我们需要加快市场化改革进程，推动资源、资金等要素的高效流动和合理配置。我们还需要借鉴并发挥示范效应，从根源上解决在农业农村发展过程中与改革需求不匹配的问题，这需要我们深入调研，了解农村发展的实际情况和需求，制定出更加符合实际、更加具有可操作性的改革措施。

2. 加快创新相关法律法规和监管规则

2018 年，中央一号文件提出了一个引人注目的设想——促进农村宅基地制度的改革。这一改革设想的推出，标志着国家对于农村土地使用制度的一次深刻反思与积极调整。文件中明确强调了对农民闲置宅基地和闲置农房政策的完善，以及对宅基地所有权、资格权、使用权进行“三权分置”的探索。这一政策导向旨在推动宅基地和农民房屋使用权的适度放活，为农村经济的发展注入新的活力。在这一领域，国家政策方面确实取得了重大的进展，但与此同时，我们也必须清楚地看到，当前农村宅基地制度改革的进展与实际需求之间存在一定的脱节。这种脱节导致了宅基地流转受限、宅基地价值无法充分发挥、农民房屋产权安全得不到保障等一系列问题，进而引发了闲置的宅基地严重浪费的现象。农村宅基地制度的改革是一项复杂而艰巨的任务，我们需要在政策层面进行深入研究和探索，不断完善相关政策措施，确保改革成果能够更好地惠及广大农民群众，以推动农村经济的持续健康发展，实现乡村振兴的宏伟目标。

2018 年 3 月 7 日，习近平总书记在“两会”期间参加广东代表团审议时，强调“要让精英人才到乡村的舞台上大施拳脚”，“城镇化、逆城镇化两个方面都要致力推进”[①]。在乡村振兴战略的大背景下，城市人口和各类优秀人才向农村迁移，成为推动农村经济社会发展的重要力量。然而，目前农村宅基地和农房产权制度的不完善，使得这一进程面临着复杂的挑战。一方面，农民对于自己的宅基地和农房缺乏足够的产权保障，难以有效盘活这些资产，制约了其财产性收入的增加；另一方面，由于缺乏有效的宅基地流转机制，城市人口和外来人才难以在农村获得合适的居住和工作环境，从而加剧了乡村振兴中的人才短缺问题。为了解决这些问题，我们需要在保障农民基本居住权的前提下，推动宅基地和农房产权制度的改革。具体来说，可以通过扩大农村宅基地改革的试点范围，鼓励相关地区积极探索和实践宅基地“三权分置”政策，以激发农村宅基地和农房使用权的流转活力。在这一过程中，我们应重点关注那些景观秀丽、交通便捷、具备丰富文化旅游资源的农村地区，这些地区具有巨大的发展潜力，可以通过引入城市资本和人才，推动农村产业的升级转型，从而适应城乡消费结构升级所带来的需求增长。

近年来，随着科技的飞速发展和经济全球化的深入推进，许多新产业、新业态和创新模式如雨后春笋般崭露头角，给农村带来了前所未有的发展机遇。这些

① 林佳. 从城镇化率看中国城镇化还有多大空间[J]. 中华建设，2019（6）：2.

新兴产业不仅推动了农村生产方式的革新，也极大地改善了农民的生活质量，使得农村地区的面貌焕然一新。然而，在这股发展潮流中，我们也应看到其背后隐藏的问题和挑战。首先，新兴产业的崛起在很大程度上依赖于政策的支持和监管框架的建立。然而，目前许多地区在新兴产业的培育和发展上，缺乏明确、系统的政策和监管体系，导致创新环境的不稳定和市场秩序的混乱。其次，一些地区在推进新兴产业发展的过程中，过度偏袒某些特定产业或企业，导致市场竞争的扭曲，给农业和农村经济带来了不公平竞争的压力。这种“厚此薄彼”的发展策略，不仅破坏了市场经济的公平性，也加剧了城乡之间的差距，不利于农村地区的整体发展。

坚持优先发展农业和农村是我国乡村振兴战略的核心内容。为了实现这一目标，我们需要从两个主要方面着手。

一方面，政府在支持农村发展方面的基础作用不可忽视。这不仅是加强社会保障网络建设的重要组成部分，也是推动农村全面发展的重要保障。近年来，我国政府在农业和农村发展方面做出了显著的努力。例如，通过加大对基础设施建设的投资，改善了农村的道路、电力、通信等基础设施的条件，农村的生活环境得到了显著提升。

另一方面，我们需要重点关注推动农业农村产业供给侧结构性改革的关键领域和关键环节。这包括优化农业的产业结构，提高农产品质量，加强农业科技创新，以及推动农村产业融合发展等方面。在这个过程中，我们可以加强建设绿色环保的农业生产区域，确保农产品的安全生产和质量可控。

总之，坚持优先发展农业和农村是一项长期而艰巨的任务。我们需要充分发挥政府在支持农村发展方面的基础作用，关注推动农业农村产业供给侧结构性改革的关键领域和关键环节，并积极发展新兴产业和打造特色载体。通过这些举措我们可以更好地实现乡村振兴的目标，让农村成为经济繁荣、生态宜居、社会和谐的美丽家园。

（三）坚持走城乡融合发展道路

随着城市化的推进，城乡之间的边界逐渐模糊，产业融合、资源重组和产权流转等现象屡见不鲜。城乡发展不再孤立，而是相互依存、相互渗透，逐渐形成了一种全新的发展趋势。然而，这种城乡互动也带来了一系列问题，如农村空心化、土地资源浪费、农民收入下降等，这些问题已经超出了传统解决方法的范畴，需要我们从更广阔的视角出发，寻找创新的解决方案。为了应对这些挑战，我们需要制定健全的城乡融合发展制度和政策体系，这一体系应以实现城乡融合发展为目标，通过推进新型工业化、信息化、城镇化和农业现代化的发展，促进工业和农业的互动合作，引领城镇和乡村的共同发展。在推进城乡融合发展的过程中，我们还需要注重保障城乡融合发展道路的持续性，这需要我们确立全面的城乡融合发展制度框架和政策体系，确保城乡融合发展能够长期、稳定地推进。同时，我们还需要加强对城乡融合发展进程的监测和评估，及时发现和解决问题，确保城乡融合发展能够取得实效。

1. 构建城市和小城镇协调发展的城镇格局

中国的大城市和特大城市凭借其强大的经济吸引力和规模效益，为农民工提供了丰富的就业机会、增收机会以及其他各种发展机遇。这些城市通常是经济活动的中心，拥有更多的优质资源和发展机会，吸引了大量的人口涌入。相比之下，小城镇的经济活力和资源吸引力相对较弱，难以提供与大城市相媲美的机会。然而，大量农民工涌向大城市和特大城市的趋势，无疑加剧了区域发展的不均衡，对城乡发展的平衡造成了影响。这种情况也阻碍了人才、资本和资源要素在城乡之间的流动，限制了城市化对乡村振兴的推动作用。

这种现象与政府对于大城市和特大城市的支持及其资源分配策略密切相关，导致了全国城镇体系逐渐向上集中。政府在规划重要产业项目、信息化和交通路网等基础设施、产权和要素交易市场等核心平台时，往往优先考虑大城市和特大城市，使得这些城市在公共服务体系建设、投资分配、主要会展和体育赛事等机会分配上拥有得天独厚的优势。这种政策导向无疑加剧了城市之间的不平衡发展，使得大城市和特大城市与中小城市之间的差距日益扩大。在许多省区，省会城市的经济地位被视为该区域发展中的一个关键指标。为了提升省会城市的经济地位，这些省份纷纷出台各种利好政策，同时采用财政金融资源优先投入的策略，以打造省会城市经济群。然而，这种做法也可能会加剧大城市和特大城市之间的内部差距，削弱它们对周边地区的影响力，进而阻碍农村地区的发展。这种影响不仅限制了工业带动农业、城市带动乡村的发展进程，还可能导致大城市和特大城市过于追求“摊大饼式扩张”，由此带来的后果可能削弱大城市和特大城市对周边地区和农村地区的辐射带动作用，还可能挤压周边中小城市和小城镇的发展空间，影响它们对农村地区发展的支持作用。

为了全面推进乡村振兴和新型城镇化高质量发展的目标，我们必须深化相关改革和进行制度创新，这不仅涉及大城市和特大城市的内部改革，还涉及这些城市与周边城市、中小城市和小城镇之间的协调与合作。通过改革和制度创新，我们可以剥离大城市和特大城市中的一些非主要、非必要功能，使得这些城市能够更加专注于提升自身的品质和创新能力。同时，这也有助于周边城市和小城镇的发展和功能特色的增强，形成错位发展和分工合作的良好局面。另外，我们需要关注城市群的发展。城市群是由多个城市组成的，这些城市拥有独特的特色、功能互补、融合协调、共生共荣。通过城市群的发展，我们可以提升城市群内不同城市间的合作分工，增进城市群系统的功能性和网络效益。这不仅有利于推动跨区域基础设施和公共服务建设，改善生态环境，还有助于促进城市人才、资本、组织和资源等要素参与乡村振兴。为了更好地推进乡村振兴，我们应该优先配置公共资源再分配社会资源，以加强城市的辐射带动力，增强城市群内部和城市之间的合作与协调，确保资源、人才和信息能够自由流动和共享。

为了进一步提升城市间的互联互通和合作协作，我们需要从多个方面入手，打造一个更加高效、便捷、智能的基础设施网络。加强城市之间的交通和信息基础设施网络是关键，通过扩建连接线、优化交通布局、提升信息传输速度和质量，我们可以进一步缩短城市间的时空距离，促进资源和要素的流动。这不仅有助于推动各城市间的竞争与合作，还能够促进生态共生，实现资源共享和优势互补。我们还需要注重提高公共服务质量，通过完善产权制度、实现要素市场化配置等核心措施，激活主体、要素和市场等方面的活力，推动体制机制改革和政策体系创新。这不仅可以提升城市和城市群的开放水平和包容水平，还能够增强其辐射带动能力，为周边地区的发展注入强大动力。此外，我们还需要调整“三农”发展政策，促进城市企业或涉农龙头企业与农户、农民建立全面战略合作关系。通过完善利益共享机制，确保各方在合作中互利共赢，从而实现农业、农村和农民的共同发展。这不仅可以提高农业生产的效率和质量，还能够推动农村经济的转型升级，为全面建设社会主义现代化国家做出积极贡献。

2. 发挥国家发展规划对乡村振兴的战略导向作用

党的十九大报告要求“着力构建市场机制有效、微观主体有活力、宏观调控有度的经济体制”，要求“创新和完善宏观调控，发挥国家发展规划的战略导向作用”[①]。乡村振兴是我国现代化建设的重要战略，旨在推动农业农村现代化，实现城乡融合发展。根据 2018 年中央一号文件的要求，各地和各政府部门需要制订与乡村振兴相关的本地规划和特定规划，以确保乡村振兴工作的有序开展。在这一过程中，如何有效地管理和协调各级计划，推动重要项目、计划和措施的实施，成为摆在我们面前的重要任务。首先，我们需要明确乡村振兴规划的战略地

① 高璇．河南建立健全经济政策协调机制的实践探索与对策建议[J]．决策探索（下），2019(4)：2．

位。乡村振兴规划是对农业农村发展的全面规划和顶层设计，具有全局性、战略性和长期性。在制订乡村振兴规划时，我们应坚持问题导向，紧密结合当地实际，明确发展目标、任务和措施，确保规划的科学性和可操作性。同时，我们也要注重规划的引领作用，通过规划引导资源要素向农业农村流动，推动形成城乡融合发展的良好局面。其次，在乡村振兴规划的实施过程中，我们需要遵循中共中央有关“强化乡村振兴规划引领”的决策部署，推动城乡土地空间开发的整体规划。这意味着要拉近城乡差距，实现城乡土地空间的统筹规划、统一布局和协调发展。通过优化土地可利用结构，提高土地利用效率，推动农业农村与城市的深度融合，形成相互促进、共同发展的良好格局。再次，在乡村振兴规划的实施过程中，我们还需要关注空间布局的优化。空间布局的优化是乡村振兴规划的重要组成部分，也是实现城乡融合发展的关键。通过整合乡村生产空间、生活空间和生态空间，引导乡村产业向优势区域集聚，促进农业产业链的延伸和农业附加值的提升。在未来，许多偏远地区的小城镇和乡村可能会面临衰退的挑战，错过发展机遇，面临的风险也会逐渐增加。因此，在进行乡村振兴的空间规划优化时，我们应格外关注这一方面。通过加大对偏远地区小城镇和乡村的支持力度，推动其基础设施建设、公共服务提升和产业发展等方面的工作，帮助这些地区实现振兴。最后，要注重激发当地居民的积极性和创造力，发挥他们在乡村振兴中的主体作用。

在我国乡村振兴战略的大背景下，我们必须确定重点发展领域，以促进农村人口和产业的逐步聚集。这一战略的核心在于将资源、人才和产业引导至中心村庄、关键镇区、小型城镇、粮食产区、农产品保护区、特色产品产地、现代农业区域、产业融合示范区、科技园区、电子商务中心、返乡创业基地、独特小镇和乡村综合体等地，从而推动乡村振兴的整体进程。首先，在实施乡村振兴战略时，我们必须明确不是每个乡镇、村庄都必须达到同样的振兴目标。相反，我们应该重点支持那些具备全面振兴潜力的乡村，集中优质资源和力量，产生突破和示范效应。这样的策略不仅有助于提升乡村振兴的整体效率，还可以激发其他乡村的自我振兴动力。其次，在实施乡村振兴战略的过程中，除了保障规则公正、环境公平的前提条件外，我们还应该采取一系列具体措施来推动“同等优先”机制的创新。例如，我们可以实施类似政府支持小微企业发展的措施，加强对人才和优质资源流向农村的制度性倾斜支持，这样不仅可以减少城市对农村人才和高质资源的吸引，还可以引导更多的优质资源流向农村，推动农村经济的发展。最后，我们还需要加强对乡村振兴战略的宣传和推广，提高农民对乡村振兴的认识和参与度。通过举办各种培训、讲座、研讨会等活动，提升农民的技能和素质，使他们更好地适应乡村振兴的需要。

3. 完善农民和农业转移人口参与发展、培训提能机制

为了推动城乡融合发展，提升农民和农业转移人口的技能水平至关重要。这不仅有助于缩小城乡差距，还能为乡村振兴和新型城镇化提供坚实的人才支撑。为了实现这一目标，我们需要从多个方面入手，全面加强农民和农业转移人口的培训和技能提升。首先，改革制度和机制是关键。我们需要减少农民和农业转移人口进入城市所面临的费用和困难，确保农民和农业转移人口能够平等、稳定地获得更广泛的发展机会和利益。这包括改革户籍制度、完善社会保障体系、优化就业环境等方面，通过让农民和农业转移人口在进城后享受到与城市居民同等的待遇，吸引更多农民和农业转移人口进城务工，从而推动城乡融合发展。其次，提升农民和农业转移人口参与新型城镇化和乡村振兴的能力至关重要。我们需要加强对农民和农业转移人口的培训，培养更多有新理念的农业从业者和高素质人才，这可以通过开展职业技能培训、创业培训、农业技术培训等多种方式实现。同时，我们还需要鼓励普通农户更主动地参与到现代农业发展和乡村振兴中，以提高农业生产效益和农民收入水平。再次，为了促进乡村振兴更好的实施，我们还需要改进利益分配方式。借助新型经营组织和农业服务机构的引导作用，我们可以培养新型职业农民，以推动现代农业发展。这需要建立健全的农业社会化服务体系，为农民提供全方位的服务支持。最后，推动城乡职业教育和培训体系的完善也是必要的。我们需要提升新型职业农民和新型市民的培训水平，以产业发展为重点，注重个人技能和实践技能的提升，这可以通过加强职业教育、增加培训机构的建设、优化课程设置、提高师资水平等方式实现。在提升农民和农业转移人口技能水平的过程中，政府、企业和社会各界都需要发挥积极作用。政府需要调整支持方式，让政府主导的通用培训和市场主导的专业培训相互配合，发挥各自优势。平台型企业和市场化培训机构在提升新型职业农民和新型市民培训水平方面扮演着至关重要的角色。他们可以利用自身的资源和优势，为农民和农业转移人口提供更加精准、高效的培训服务。

4. 加强对农村一、二、三产业融合发展的政策支持

随着经济的发展和社会的进步，城乡之间的差距逐渐缩小，城乡融合发展成为我国经济社会发展的重要战略之一。在这一过程中，构建城乡有机融合互动的产业体系尤为重要。我们要明确城乡融合发展的核心在于产业的融合，这不仅仅是简单地将城市的产业引入农村，而是要在城乡之间形成有机的产业生态。城市的企业和产业可以利用自身的资金、技术和市场优势，为农村提供先进的生产

技术和市场信息，推动农村一、二、三产业的融合发展。同时，农村的资源、环境和劳动力等优势也可以为城市产业提供有力的支撑，形成城乡之间的互补和共赢。为了实现城乡产业融合发展，我们需要制订有利于城市群发展的计划，这包括实行创新的金融、财政、产业支持政策，以协助推动农村产业的合理布局。通过政策的引导和支持，我们可以促进不同地区间的合作，实现资源共享和优势互补。同时，城市群和中心城市在农村产业整合中应发挥引领作用，通过其强大的经济辐射力和创新能力，带动周边地区和农村地区的发展。我们需要制定新政策以推动农村产业的协调发展，这包括促进不同行业之间的合作，以满足居民的需求，促进城乡共同繁荣。例如，我们可以鼓励农业与旅游业、文化产业等相结合，发展观光农业、乡村休闲旅游业等新兴产业，从而激发农村发展的潜力，增加农民收入。

三、乡村振兴战略规划

（一）乡村振兴战略规划的作用与功能

1．乡村振兴战略规划的作用

（1）为实施乡村振兴战略提供重要保障

乡村振兴战略是政府为了推动农村经济发展、提高农民生活水平、实现全面建设社会主义现代化国家的目标而制定的一项重大战略。习近平总书记在参加十三届全国人大一次会议山东代表团审议时强调：“推动乡村振兴健康有序进行，要规划先行、精准施策、分类推进”。[①]《乡村振兴战略规划（2018—2022年）》明确了乡村振兴的总体目标、重点任务和保障措施，为乡村振兴工作提供了有力的指导和支持。乡村振兴战略规划强调了乡村振兴规划和专项规划的关键作用，通过制订具体的规划，可以明确发展的方向和目标，为实现乡村振兴提供有力的保障。乡村振兴战略规划的制订还有利于推动社会主体、资源等要素相互协调、和谐统一，促进各方积极参与并释放创造潜能。在规划的制定过程中，需要广泛征求社会各方的意见和建议，达成共识，使各方都能够积极参与到乡村振兴的工作中来。

（2）是实施乡村振兴战略的基础和关键

2018年，中央一号文件提出了一个具有深远意义的战略——乡村振兴战略。

① 求是网．习近平：乡村振兴战略是篇大文章[EB/OL]．(2019-06-13) [2023-12-26].https://www.qstheory.cn/zhuanqu/bkjx/2019-06/13/c_1124617928.htm.

为了推动这一战略的有效实施，中共中央明确了工作机制：中央协调、省级负责、地方具体落实。这一机制确保了乡村振兴战略的顶层设计与地方实践紧密结合，形成了全国一盘棋的工作格局。乡村振兴战略规划的核心目标是促进整体发展，这不仅仅包括经济的增长，还包括社会的和谐与生态的平衡。在实施过程中，各地要紧密结合当地的实际情况，遵循科学规律，确保每一项措施都能够落地生根，为农业与农村的高质量发展奠定坚实基础。城乡资源的充分利用和协调规划是乡村振兴战略的关键。乡村拥有丰富的自然资源、历史文化和人力资源，而城市拥有先进的科技、大量的资本和广阔的市场。通过城乡之间的良性互动，可以实现资源共享、优势互补，推动乡村经济、文化和生态空间的协调发展。目前，乡村振兴战略规划的制订与执行已成为全国上下共同关注的焦点，在乡村振兴战略的推动下，各地区正在积极制定相关政策和措施。一些地方已经开始推行相关项目，如农村基础设施建设、农业科技创新、乡村旅游开发等，这些项目为乡村振兴注入了新的活力和动力。

（3）有助于整合和统领各专项规划

乡村振兴项目是一项综合性的系统工程，它涵盖了产业发展、生态保护、乡村治理、文化建设、人才培养等多个领域，同时还涉及其他多个方面。这些领域或方面在乡村振兴中各自扮演着重要的角色，共同推动着乡村的全面发展和进步。我们将各个领域的规划整合在一起，制订乡村振兴规划，以实现乡村振兴的目标和任务，同时通过有效引导各个专项规划的实施，推动城乡融合，建立健全的规划体系。

（4）有助于优化空间布局，促进乡村生产、生活、生态协调发展

我国作为一个农业大国，农业在国家经济发展中占据了举足轻重的地位。长期以来，我国一直致力于提高农业整体生产力，推动乡村生产、生活和生态的协调发展，为保障供给、促进民生和维持经济增长做出了巨大努力。然而，随着时代的进步和经济的快速发展，乡村生产、生活和生态之间的不协调问题逐渐凸显，成为制约农业高质量发展的难题。针对这些问题，我们需要采取一系列措施来调整农业生产布局和农村空间结构，以创造更适宜居住的村镇和与生态环境更协调的农业发展方式，这是我国推进乡村振兴、实现农业高质量发展的关键举措。我们要深入落实相关政策和措施，推动乡村生产、生活和生态之间的协调发展，为全面建设社会主义现代化国家做出更大贡献。

（5）有助于分类推进村庄建设

随着国家对农业农村的扶持力度不断加大，农民的收入水平不断提高，农村

基础设施建设也在不断完善。这一系列的积极因素促使了农民对于更好居住条件的迫切需求，也推动了村庄建设和农民建房的热潮。然而，在农民居住条件改善的同时，“千村一面”的现象也逐渐显现，很多地方的农村在发展过程中，由于缺乏规划和引导，导致建筑风格、景观布局等方面趋同，失去了原有的特色和魅力。这不仅影响了乡村景观的多样性，也削弱了乡村文化的独特性和吸引力。在乡村振兴的大潮中，我们必须深刻认识到，每一个乡村都拥有其独特的地理特征、传统文化和历史底蕴。这些元素共同构成了乡村的多样性和特色，这也是我们制订乡村振兴规划时必须充分考虑的重要因素。将乡村的特征、文化、历史等因素考虑到乡村振兴规划中，有助于我们避免简单粗暴和刻板套路，让每一个乡村都能够在保护自身特色的基础上，实现各具特色、各具风采的美丽建设，从而推动村庄建设质量和水平的全面提升。

（6）有助于推动资源要素合理流动

城乡差距对资源配置产生了深远的影响，导致了劳动力、资金等重要资源不断向城市集中，而农村地区则面临着资源短缺的困境。这种城乡发展不平衡的状况不仅限制了农村地区的经济社会发展，也加剧了城乡之间的差距，阻碍了城乡一体化的进程。为了推动农村地区的振兴与发展，我国制定了乡村振兴规划，旨在通过一系列政策措施，引导资源要素向农村地区流动，促进城乡之间的协调发展。乡村振兴规划的实施，不仅有助于缩小城乡差距，还能够加速补足农村发展不足的短板，为农业农村的可持续发展提供有力支撑。

在乡村振兴规划的推动下，城乡一体化发展成为重要的发展方向。在这一过程中，解决资金、土地、人才等关键难题至关重要。资金是农业农村发展的重要支撑，通过引导金融资本、社会资本等向农村地区流动，可以为农村基础设施建设、产业发展等提供必要的资金支持。土地是农村发展的基础资源，通过土地流转、土地改革等措施，可以提高土地利用效率，促进农业规模化、集约化经营。人才是推动农村发展的关键因素，通过培养乡土人才、引进外部人才等方式，可以为农村地区提供智力支持和人才保障。

2. 乡村振兴战略规划的功能

在乡村振兴战略的大背景下，乡村的生产、生活、生态、社会、文化等各方面的价值得以重新认识和拓展。这种认识并非对乡村的全面改造，而是在尊重乡村传统文化的基础上，寻求一种可持续的发展模式，让乡村焕发出新的生机与活力。产业兴旺是实现乡村振兴的基石。乡村拥有丰富的农业资源，通过科学管理和技术创新，可以提高农业生产的效率和质量，从而增加农民的收入。生态宜居是乡村振兴的重要目标。乡村拥有优美的自然环境和独特的生态景观，这是乡村最大的财富。通过保护和改善乡村生态环境，可以提高乡村的居住品质和吸引力，吸引更多的人前来居住和投资。乡风文明是乡村振兴的灵魂。乡村文化承载着丰富的历史记忆和深厚的乡土情感，是乡村的灵魂。通过传承和弘扬乡村文化，可以增强乡村居民的归属感和自豪感，推动乡村社会的和谐稳定。有效治理是乡村振兴的保障。乡村治理需要遵循民主、法治、公正、公开的原则，保障乡村居民的合法权益。人民富裕是乡村振兴的根本目标。乡村振兴的最终目的是让乡村居民过上更加富裕、美好的生活。通过提高农业生产效益、发展特色产业、改善生态环境、传承乡村文化等措施，可以增加乡村居民的收入和福利，提高他们的生活水平和幸福感。在实施乡村振兴战略的过程中，我们必须深入了解和认识乡村的价值。

（1）生产与经济价值功能

乡村在保护耕地和最大限度地利用土地资源方面发挥着至关重要的作用。耕地是农业生产的基础，也是国家粮食安全的重要保障。通过推广精细农业技术，农村地区不仅提高了农作物的产量和质量，还保护了珍贵的土地资源。另外，乡村的畜牧业发展也为农民提供了循环支持的生产和生活资料。畜牧业的发展不仅增加了农民的收入，还为农业生产提供了有机肥料，促进了土壤的改良和肥力的提升。这种循环农业的模式，既实现了资源的循环利用，又维护了生态环境的平衡。在这种情况下，乡村的存在对于传承和发展循环农业文化至关重要，循环农业文化是中国传统农业文化的重要组成部分，它强调人与自然的和谐共生，注重资源的循环利用和生态的平衡。

近年来，乡村旅游和特色农业的兴起进一步证明了保护美丽环境的重要性。随着人们生活水平的提高和休闲方式的多样化，越来越多的人开始关注和喜爱乡村旅游。他们欣赏乡村的自然风光、乐于体验农耕文化、爱好品尝地道美食，这不仅为乡村带来了更多的游客和收入，还促进了乡村文化的传播和交流。同时，特色农业也成为乡村发展的新亮点，通过挖掘和利用当地的自然资源和农业特色，部分乡村地区推出了各具特色的农产品和农业体验项目。这些特色农业产品不仅满足了人们对高品质生活的追求，还为农民开辟了新的增收渠道。为了促进产业融合和提高农民生活水平，我们必须推动乡村发展的多样化，这包括种植业、养殖业、手工业和乡村休闲旅游等多个方面。通过发展多样化的产业，乡村不仅能够满足人们对丰富生活的需求，还能提高农民的收入水平和生活品质。

（2）生态与生活价值功能

乡村实际上是一个充满生机与活力的生态系统。它以独特的地理位置，巧妙地融合了自然、经济和社会要素，形成了一个自给自足、和谐共生的社区。从生态角度看，乡村不仅拥有美丽的自然风光，还是一个充满生态智慧的社区。这里的居民尊重自然、顺应自然，与大自然和谐共处。他们利用自然资源进行生产活动，不仅满足了自身的生活需求，同时也保护了生态环境。除此之外，乡村的生活方式对人们的身心健康有着积极的影响。在乡村，人们的生活节奏较慢，与大自然的节奏相和谐，这种悠闲的生活方式有助于减轻人们的心理压力，提升其生活质量。另外，乡村的生态系统和生态文化体现了农民的智慧。传统农业、畜牧业和循环经济体系在乡村中得到了很好的实践。农民通过丰富的经验和智慧，创造了一种低碳、环保的生活方式，这种生活方式不仅有助于保护生态环境，也为乡村的可持续发展提供了坚实的基础。在乡村，人们可以享受到美丽的自然风景、便捷的基础设施和舒适的住房条件。同时，乡村的社区关系和谐融洽，集体活动丰富多彩，这些都为人们带来了心灵上的愉悦和满足。

然而，如果忽视了乡村生态的价值，盲目以模仿城市发展的模式来发展乡村，可能会带来一系列问题。比如，循环农业系统可能会被破坏，乡村垃圾处理问题可能会加剧，乡村居民与环境、资源之间的关系也可能会变得紧张。因此，在推动乡村发展的过程中，我们应该充分维护乡村的生态系统，尊重乡村的文化传统，实现人与自然的和谐共生。

（3）文化与教育价值功能

在中国广大的乡村地区，文化和教育不仅是乡村治理和乡风文明建设的重要基石，还是推动农村全面发展的关键因素。乡村以其独特的自然风光、建筑风格以及和谐的乡村景象，展示了中国乡村独特的魅力。青山绿水、田园风光是乡村的独特景观，它们不仅为乡村带来了美丽的视觉享受，还孕育了丰富的农业文化和乡土情怀。这种对自然的敬畏和依赖，进一步塑造了乡村特有的信仰和道德观念，为乡村治理提供了深厚的文化底蕴。乡村文化中的传统习俗和个人品质的培养，对于乡村治理和乡风文明建设具有深远的影响。尊重年长者、关心孩童，村民之间相互扶助、信守承诺、和睦相处等优良传统，不仅丰富了乡村文化的内涵，更在潜移默化中影响了村民的行为和道德观念。这些文化传统，既是乡村治理的重要资源，也是推动乡村文明进步的重要动力。乡村文化中的农业文化元素，如耕作方式、农民传统、庆典节日、地方习俗和生活方式等，具有丰富而深刻的内涵。它们不仅代表了乡村的发展历史和文化传承，还在食品安全、原料供应、就业增加、生态保护、旅游业发展、文化传承和科研创新等方面发挥着重要作用。因此，我们必须充分认识到文化和教育在乡村治理和乡风文明建设中的重要作用。

通过加强乡村文化的传承和创新，推动乡村教育的普及和提高，我们可以更好地保护和弘扬乡村的传统文化，推动乡村的全面发展。在乡村治理和乡风文明建设的过程中，我们还需注重文化与教育的相互融合和渗透。通过文化和教育活动，我们可以更好地传播乡村文化，弘扬乡村价值观，增强村民的凝聚力和归属感。同时，我们也需要通过教育引导村民积极参与乡村治理和乡风文明建设，发挥他们的主动性和创造性，共同推动乡村的全面发展和进步。

乡村振兴，不仅仅是经济上的振兴，还是文化、生态和社会等多方面的全面振兴。当前我们面临的问题是，对于农村独有的特征和文化，我们了解得还不够深入，这可能会导致我们在进行乡村振兴规划时，无法充分考虑到农民的实际需求，同时也可能阻碍优秀传统文化的有效传承和保护。因此，我们在推进乡村振兴规划时，必须牢牢把握住乡村的核心，这包括乡村的自然环境、生活方式、社会结构以及文化传统等。一方面，我们要积极挖掘乡村的潜力，探索提升乡村吸引力的方法，让乡村焕发出新的魅力和活力。我们可以通过促进当地特色农业、畜牧业和手工业的发展，提升乡村的经济价值。这些行业具有独特的地方特色，不仅能够凸显特定地理区域的特色和品牌价值，而且可以通过开发农业和乡村功能，实现经济效益的最大化。比如，我们可以根据当地的气候、土壤等自然条件，开发适合当地的特色农产品，通过品牌化、网络化等方式将其推向市场，提高农民的收入水平。另一方面，我们要注重将文化旅游与农业有机结合，打造乡村旅游、观光和体验等产业的兴盛。乡村不仅有美丽的自然风光，还有丰富的人文历史和独特的生活方式，这些都是吸引游客的重要因素。我们可以利用这些优势，开发出具有乡村特色的旅游项目，让游客在欣赏美景的同时，也能感受到乡村文化的魅力，这不仅可以为乡村带来新的经济增长点，也可以让更多的人了解乡村、喜爱乡村，从而推动乡村文化的传承和保护。乡村振兴是一项系统工程，需要我们全面考虑、统筹规划。我们要深入了解乡村的特征和文化，积极挖掘乡村的潜力，通过发展特色农业、文化旅游等产业提升乡村的吸引力，同时，我们还要引入更多的社会力量参与到乡村振兴中来，形成全社会共同参与的良好氛围。乡村振兴欢迎外来人才和资金的介入，外来人才可以帮助乡村发现其特有价值，并利用乡村价值为乡村造福。外来资金可以帮助乡村做想做而做不成的事情，为乡村注入流动资金。但是需要强调的是，无论外来的人才还是外来资金都不能取代农民的主体地位，不能削弱乡村的主体性。只有在充分尊重农民主体地位和乡村价值体系的基础上，乡村振兴的各项目标才能实现。

（二）编制乡村振兴战略规划应把握的重点

1. 发挥国家规划的战略导向作用

习近平总书记在党的十九大报告中明确要求，“创新和完善宏观调控，发挥国家发展规划的战略导向作用”[①]。各部门各地区编制乡村振兴战略规划，应该注意发挥《国家乡村振兴战略规划（2018—2022年）》（以下简称《国家乡村振兴规划》）的战略导向作用。习近平新时代中国特色社会主义思想，特别是以习近平同志为核心的党中央关于实施乡村振兴战略的思想，是编制乡村振兴战略规划的指导思想和行动指南，也是实施乡村振兴战略的“指路明灯”。《国家乡村振兴规划》应该是各部门、各地区编制乡村振兴规划的重要依据和具体指南，不仅为各部门、各地区描绘了实施乡村振兴战略的宏伟蓝图，也为未来五年各部门、各地区实施乡村振兴战略细化实化了工作重点和政策措施，部署了一系列重大工程、重大计划和重大行动。各部门、各地区编制乡村振兴战略规划，既要注意结合本部门、本地区的实际情况，更好地贯彻《国家乡村振兴规划》的战略意图和政策精神，也要努力做好同《国家乡村振兴规划》中的工作重点、重大工程、重大计划、重大行动的衔接协调工作。这不仅有利于推进《国家乡村振兴规划》更好地落地，也有利于各部门、各地区推进乡村振兴的行动更好地对接国家发展的战略导向、战略意图，并争取国家重大工程、重大计划、重大行动的支持。

为协调处理发挥国家规划战略导向作用与发挥地方规划指导作用及时性的矛盾，建议各地尽早启动乡村振兴规划编制的调研工作，并在保证质量的前提下，尽早完成规划初稿。待国家规划发布后，各地再进一步做好地方规划初稿和国家规划的对接工作，县级规划还要待省、地市规划发布后，再尽快做好对接协调工作。按照这种方式编制的地方规划，不仅可以保证国家规划能够结合本地实际更好地落地，也可以为因地制宜地推进乡村振兴的地方实践及时发挥具体行动指南的作用。当然，在此过程中，为提高地方乡村振兴规划的编制质量，各部门、各地区要注意认真学习党的二十大精神和以习近平同志为核心的党中央关于实施乡村振兴战略、关于建设现代化经济体系的系列论述和决策部署，并结合本地实际进行创造性转化和探索。

要发挥国家规划的战略导向作用，还需要拓宽视野，注意同国家相关的重大规划衔接起来，尤其要注意以战略性、基础性、约束性规划为基础依据。正如2018年中央一号文件指出的，要“加强各类规划的统筹管理和系统衔接，形成城

---

① 刘文娟. 关于创新和完善宏观调控体制机制的思考[J]. 经济师，2020（9）：5.

乡融合、区域一体、多规合一的规划体系”，如国家和省级层面发布的“新型城镇化规划”，应是编制地方乡村振兴战略规划的重要参考。在乡村振兴规划的编制和实施过程中，要增进同新型城镇化规划的协调性，更好地引领和推进乡村振兴与新型城镇化“双轮驱动”，更好地建设彰显优势、协调联动的城乡区域发展体系，为建设现代化经济体系提供扎实支撑。

在全面推进乡村振兴的伟大征程中，我们需以国家和省级主体功能区规划为重要指引，统筹协调各部门和各地区的工作，确保乡村振兴战略规划的顺利实施。2010 年，国务院发布的《全国主体功能区规划》是我国国土空间规划和管理的重要基石，具有深远的策略性、基础性和规范性影响。《全国主体功能区规划》以科学发展观为指导，遵循可持续发展的理念，将我国划分为优化开发区、重点开发区、限制开发区和禁止开发区这四大类型的功能区。这一划分充分考虑了各地的自然条件、资源禀赋、经济发展水平和社会发展阶段，为各地区明确发展定位、优化空间布局、促进区域协调发展提供了科学依据。

2017 年 8 月，习近平总书记主持召开中央全面深化改革委员会第三十八次会议，会议审议通过了《关于完善主体功能区战略和制度的若干意见》，这标志着我国对于国土空间开发与保护的战略性思考又迈向了新的高度。主体功能区战略作为我国经济发展与生态环境保护的双重策略，被赋予了极高的地位和期望。这一战略不仅是为了应对当前经济发展与生态环境之间的紧张关系，还是为了构建一个长期、稳定、可持续的国土空间开发保护格局。它强调，在推动经济发展的同时，必须高度重视生态环境的保护和修复，确保两者之间的和谐共生。首先，要充分发挥主体功能区在国土空间开发保护中的关键作用。这意味着，在未来的发展中，主体功能区将成为引领国土空间开发保护的核心力量，推动各地区根据自身特点和发展需求，合理规划、有序开发；其次，要推动在市县层面详细落实主体功能区战略。这意味着，各级政府在制订发展规划时，必须紧密围绕主体功能区的战略要求，确保各项政策和措施能够真正落地生根。同时，还要加强中央与地方之间的协调与配合，形成上下联动、齐抓共管的工作格局；最后，要建立长期合作机制。这需要各地区、各部门之间加强沟通与协作，共同推进主体功能区战略的实施。同时，还要注重发挥市场机制的作用，吸引更多社会资本参与到国土空间开发保护中来。在规划乡村振兴战略时，主体功能区战略更是被赋予了重要的使命。它要求我们在乡村振兴的规划过程中，必须遵循“三区三线”的原则，统筹考虑城乡国土空间开发格局。这意味着，我们不仅要关注城市的发展需求，还要充分考虑到农村地区的特点和优势，确保城乡之间能够实现协调发展。

除此之外，我们还要综合考虑城乡布局规划和乡村功能分布，优化乡村生产和生活空间布局。这不仅可以提高乡村地区的居住环境质量，还能促进生产空间的有效利用。例如，我们可以通过合理规划农业用地、建设现代化农业设施等方式，提高农业生产的效率和质量；通过优化乡村生活空间布局、完善基础设施等方式，提升乡村居民的生活品质。

2. 提升规划的战略思维

2018 年中央一号文件提出，实施乡村振兴战略是“决胜全面建成小康社会、全面建设社会主义现代化国家的重大历史任务”，要求制订《国家乡村振兴战略规划（2018—2022 年）》。这个规划与一般规划有所不同，因为规划的名称包括了“战略”二字。尽管这是一个五年规划，但对到 2035 年基本实现社会主义现代化、到 21 世纪中叶建成富强民主文明和谐美丽的社会主义现代化强国的目标，我国对实现乡村振兴战略的远景也会进行战略谋划，甚至在 2018 年中央一号文件中对于到 2035 年、2050 年推进乡村振兴的目标任务也都有所勾勒。2017 年中央农村工作会议要求，“实施乡村振兴战略是一项长期的历史性任务，要科学规划、注重质量、从容建设，不追求速度，更不能刮风搞运动”。2018 年中央一号文件进一步要求实施乡村振兴战略要“既尽力而为，又量力而行，不搞层层加码，不搞一刀切，不搞形式主义，久久为功，扎实推进”。可见，在编制乡村振兴规划的过程中，要特别注意体现其战略性，做好突出战略思维的大文章。

第一，重视战略思维要注意乡村振兴规划的编制和实施过程不是完全“按既定方针办”，而是要适度追求创新、突破和超越，要科学把握“面向未来、吸收外来、扬弃以来”的关系，增强规划的前瞻性。许多人在制定战略规划时，习惯惯性思维，从现在看未来，甚至从过去看现在，首先考虑当前的制约和短期的局限，“这不能干”“那很难办”成为“口头禅”，或者习惯按照过去的趋势推测未来，这在设计规划指标的过程中最为明显。需要明确的是，这不是战略，充其量只能算战术或推算，算可行性分析，按照这种方式编制规划，往往是没有太大意义的事。如果按照这种思维方式考虑规划问题，很容易限制战略或规划制定者的想象力，束缚其思维空间，形成对未来发展的悲观情绪和消极心理，导致规划实施者或规划的利益相关者对未来发展缩手缩脚，难以办成大事，也容易导致大量的发展机会不知不觉地“溜走”或流失。

第二，战略需要大思维、大格局、大架构，这就要求战略制定者需要辩证思维、长远眼光。当然此处的“大”绝非虚空，而是看得见、摸得着，经过不懈努力最终能够实现。真正的战略往往不是从过去看未来，而是逆向思维，从未来的终局看当前的布局，从未来推导现在，根据未来的战略方向决定当前如何行动。好的规划应该富有这种战略思维，因此，好的战略规划应该具备激发实施者、利益相关者信心的能力，能够唤醒其为实现战略或规划目标努力奋斗的“激情”和“热情”。好的战略规划往往基于未来目标和当前、未来资源支撑能力的差距，看挖掘改造的方向，看如何摆脱资源、要素的制约，并通过切实有效的战略思路、战略行动和实施步骤，不断弥补当前可能和未来目标的差距。因此，拓展思维空间、激活发展动能、挖掘发展潜力，用战略思维编制乡村振兴战略规划，实施乡村振兴战略才更有价值。

第三，好的战略规划要能够给人带来方向感、探索感和共同的命运感。方向感很容易理解，但从以往的实践经验来看，有些地方规划的战略思维不够，难以体现战略性要求。所以规划制定者需要通过提升规划的战略思维，描绘出未来规划发展的蓝图和目标，告诉人们规划的未来是什么，想要努力实现的规划图景如何，并且为了实现这种规划图景，今天和明天人们应该怎么做？鉴于规划的未来和当前的现实之间可能存在巨大的资源、要素和能力缺口，所以应该让规划的实施者想方设法去努力实现这些规划的未来目标，形成探索感。如果把规划的未来目标比作吃到树上可口的苹果，那么这个苹果应该不是伸手可及的，而应是经过艰苦、卓越的努力才能吃到的。那么，怎么努力？是站在板凳上去摘，还是跳着去摘？这就需要规划实施者通过博采众智、集思广益，创新规划实施手段去实现该目标。探索感就是要唤起参与者、组织者的创新精神和发展潜能，发现问题，迎难而上，创造性解决问题，甚至在探索解决问题的过程中，增强创造性解决问题的能力。共同的命运感就是要争取参与者和组织者成为命运共同体，形成共情效应，努力产生“风雨同舟，上下齐心”的共鸣。如在编制和实施乡村振兴战略的过程中，要注意在不同利益相关者之间形成有效的利益联结机制，激励大家合力推进乡村振兴，让广大农民和其他参与者在共商共建的过程中有更多的获得感，实现乡村振兴共享共赢的发展。

第四，重视规划的战略思维要注意增强乡村振兴规划的开放性和包容性。增强规划的开放性要注意覆盖由外及内的规划视角，综合考虑外部环境变化、区域或城乡之间竞争与合作关系的演变、新的科技革命和产业革命，甚至交通路网、信息网发展和转型升级对本地区、本部门实施乡村振兴战略的影响，规避因规划的战略定位简单雷同、战略手段模仿复制，导致乡村振兴区域优势和竞争特色的弱化，进而带来乡村振兴的低质量发展。增强规划的包容性，不仅要注意对不同利益相关者的包容，注意调动一切积极因素参与乡村振兴，还要注意区域之间、城乡之间发展的包容，积极引导部门之间、区域之间、城乡之间加强乡村振兴的合作，如在推进乡村产业兴旺发展的过程中，我们应引导区域之间联合打造区域品牌，合作打造公共服务平台、培育产业联盟等。

3. 丰富网络经济视角

随着经济全球化、信息化的深入推进，网络经济的影响日益深化和普遍化。根据梅特卡夫（Metcalfe）法则，网络的价值量与网络节点数的平方成正比。换句话说，如果网络中的节点数以算术级速度增长，网络的价值就会以指数级速度增长。与此相关的是，新网络用户的加入往往使得所有用户的价值都会迅速提升。网络用户的增多会使网络价值的总量迅速膨胀，并进一步带来更多新的用户，产生正向反馈循环。网络会鼓励成功者取得更大的成功，这就是网络经济学中的“回报递增”。如果说现实社会更关注对有形空间的占有和使用效率，那么，网络社会则更关注价值节点的分布和链接，在这里关系甚至比技术质量更重要。按照网络经济思维，它强调的是把最合适的东西送到最合适的人手中，促进社会资源精准匹配。

随着交通路网，特别是高铁网、航空网和信息网络基础设施的发展，在实施乡村振兴战略的过程中，如何利用网络效应、培育网络效应的问题迅速凸显出来。任何网络都有节点和链接线两类要素，网络功能是二者有机结合、综合作用的结果。在实施乡村振兴战略的过程中，粮食生产功能区、重要农产品生产保护区、特色农产品优势区、农村产业融合示范园、中心村、中心镇等载体和平台都可以看作推进乡村振兴的网络节点，交通路网基础设施、信息网络基础设施都可以看作推进乡村振兴的链接线；可以把各类新型经营主体、各类社会组织视作推进乡村振兴的网络节点，把面向新型经营主体或各类社会组织的服务体系看作链接线；可以把产业兴旺、生态宜居、乡风文明、治理有效、生活富裕等五大维度或乡村产业振兴、人才振兴、文化振兴、生态振兴、组织振兴等五大振兴作为推进乡村振兴的网络节点，把推进乡村振兴的体制机制、政策环境或运行生态建设作为链接线。这都是一种分析视角。在实施乡村振兴战略的过程中，部分关键性节点或链接线建设，对于推进乡村振兴的高质量发展，具有画龙点睛的作用。在编制乡村振兴战略规划的过程中需要高度重视这一点。

如果推进乡村振兴的不同节点之间呈现互补关系，那么，推进乡村振兴的重大节点项目或工程、行动，在未形成网络效应前，部分项目、工程、行动的单项直接效益可能不高。待网络轮廓初显后，就可能在这些项目或工程、行动之间形成日趋紧密、不断增强的资源、要素、市场或环境联系，达到互为生态、相互烘托、互促共升的效果，产生日益重大的经济、社会、生态、文化价值，从而带动乡村功能价值迅速提升，甚至在此背景下，对少数关键性节点或链接线建设的投资或支持，其重点也应从追求项目价值最大化转向追求网络价值最大化。当然，如果推进乡村振兴的不同节点或链接线之间呈现互斥关系，则部分关键性节点或链接线建设的影响可能正好相反，我们应防止其导致乡村功能价值迅速贬值。

在乡村振兴规划的编制和实施过程中，要结合网络经济视角，加强对乡村振兴的分类施策。部分乡村能够有效融入其所在城市群或相互之间能够形成特色鲜明、分工协作、优势互补的新关联，我们应该积极引导其分别走上集聚提升型、城郊融合型、卫星村镇型、特色文化或景观保护型、向城市转型等不同发展道路。部分村庄日益丧失生存发展的条件或孤立于其所在城市群或区域性的生产生活网络，此类村庄的衰败难以在短时间内扭转它的状态，所以我们应对此类村庄作出合理的取舍。如果不顾乡村本身的现实条件，盲目要求此类乡村实现振兴，我们很可能会付出巨大的经济代价或生态文化代价，影响乡村振兴的高质量发展和可持续发展。

此外，用网络经济视角编制和实施乡村振兴规划，还要注意加强对乡村振兴的整体部署，完善乡村振兴的协同推进机制。按照网络经济视角，用“链接大于拥有”代替之前的“占有大于一切”。因此，在推进乡村振兴的过程中，我们应通过借势发展带动造势发展，创新“不求所有，但求所用”的方式，吸引城市的领军企业、领军人才参与和引领乡村振兴，更好地发挥“四两拨千斤”的作用。这样也有利于促进在乡村振兴过程中的区域合作、部门合作、组织合作和人才合作，用开放、包容的理念推进乡村振兴过程中资源、要素和人才质量的提升。

4. 深入推进体制机制改革

2018 年中央一号文件特别重视强化乡村振兴的制度性供给。在编制乡村振兴战略规划的过程中，提出推进体制机制改革、强化乡村振兴制度性供给的思路或路径固然是重要的，但采取有效措施，围绕深化体制机制改革提出一些切实可行的方向性、目标性要求，把规划的编制和实施转化为撬动体制机制改革深入推进的杠杆，以此唤醒系列、连锁改革的激发机制，对提升规划质量、推进乡村振兴的高质量发展具有重要意义，正如“授人以鱼不如授人以渔”的道理一样。

在一些经济发达、被动城市化的原农村地区，依托区位交通优势，乡村工商业比较发达，城市化推进很快，但因为长期不重视统筹城乡规划，导致民居和乡村产业园区布局散、乱、杂，乡村产业园改造和城中村治理问题日趋突出。其主要表现是乡村产业园，甚至农村民居错乱分布，环境污染和生态破坏问题加重，消防、安全等隐患日趋严重和突出，成为社会治理的难点和广受社会各界关注的焦点；部分农村村民的强势与部分乡村基层党建弱化的矛盾时有发生；乡村产业园区布局分散、转型缓慢，并难以有效融入区域现代化经济体系建设的问题日益突出。在这些地区，新型城镇化与乡村振兴如何协调，“三农”发展的区域分化与乡村振兴如何有效实现分类施策？这些问题怎么处理，值得我们深思。因为在这些地区，不仅产业结构要转型升级，人口、经济甚至民居、产业园的布局方式也亟待转型升级。无论是发展先进制造业，还是发展服务业，都要求在空间布局上更加集中集聚，以形成集群集约发展态势。在这些地区，我们更要注重乡村的生态问题、乡村治理问题，包括我们党组织怎么发挥作用的问题，越早重视越主动，越晚越被动。许多问题如果久拖不决，未来的结果很可能是下列三种之一。

第一种结果是慢慢把问题拖下去。但是，越不想改变现状，越对改变现状有畏难情绪，时间长了解决问题的难度就越大，也就越难以解决。这种结果对地方经济社会长期发展的负面影响更大，更容易因为当前治理的犹豫不决，导致未来发展问题的积重难返，甚至盛极而衰。当然，这很可能要到若干年后，问题才会充分暴露出来。第二种结果是有朝一日，环保、治安、消防、党建等问题引起当地居民强烈不满或媒体关注或上级领导考核发出警告，导致政府不得不把其当作当务之急。第三种结果是发生类似火灾、爆炸伤人等恶性安全事故，政府不得不进行“外科大手术式”治理，这种结果的代价可能太惨烈。

显然，这三种结果都不是理想结果，存在很大的后遗症。第二种、第三种结果对地方党政领导人的负面影响很大。习近平总书记在党的十九大报告中提出“要坚决打好防范化解重大风险、精准脱贫、污染防治的攻坚战”。[①] 在这些地区，乡村产业园改造和城中村治理问题不解决好，这三大攻坚战都难以打好，甚至会加重重大风险、城中村贫困、污染严重化等问题。

解决上述问题难度很大，仅靠一般性的加强政策，甚至投入支持，无异于画饼充饥，亟待在各级政府高度重视解决问题紧迫性的基础上，通过加强相关综合改革的试点试验和推广工作，为解决这些复杂严峻的区域乡村振兴问题探索新路。2018 年中央一号文件要求“做好农村综合改革、农村改革试验区等工作”，应加强对这些地区的支持，鼓励其以加强城中村、乡村产业园治理或其他具有区域代表性的特色问题治理为重点，开展农村综合改革和农村改革试验区工作，也可鼓励这些地区直接创建“城乡融合发展体制机制改革试验区”，率先探索、推进城

① 习近平. 决胜全面建成小康社会 夺取新时代中国特色社会主义伟大胜利：在中国共产党第十九次全国代表大会上的报告（2017 年 10 月 18 日）[R]. 北京：人民出版社，2017：15.

乡融合发展的体制机制和政策创新。

2017年召开的中央农村工作会议提出，要“走中国特色社会主义乡村振兴道路”。重点围绕各地区乡村振兴亟待解决的重大难点问题，组织相关体制机制改革和政策创新的试验，这也是为形成具有区域特色的乡村振兴道路探索了一条新路。推进乡村振兴，每个乡村都应走有区域特色的乡村振兴道路。有中国特色的社会主义乡村振兴道路，应该是由各地富有区域特色的乡村振兴道路汇聚而成的。

5. 宣传推广规划精神和典型经验

为强化乡村振兴的规划引领作用，加强规划编制和实施工作固然是重要的，但加强规划精神、规划思路的宣传推广更加不可或缺。一方面，这不仅有利于推进乡村振兴的实施者更好地理解乡村振兴规划的战略意图，增强其实施规划的信心和主动性、积极性，还有利于将乡村振兴的规划精神更好地转化为推进乡村振兴的自觉行动，有利于全党全社会凝精聚力，提升推进乡村振兴的水平和质量。另一方面，加强对乡村振兴规划精神的宣传推广，还可以将工作适当前移，加强对党的二十大精神和党中央关于实施乡村振兴战略思想的学习，通过在规划编制过程中不同观点的碰撞、交流和讨论，能够更好地贯彻中共中央推进乡村振兴的战略意图和政策精神，提升乡村振兴规划的编制质量与水平。我们要结合规划编制和实施过程中的调研，加强对典型经验、典型模式、典型案例的分析总结，将加强顶层设计与鼓励基层发挥首创精神结合起来，发挥榜样的示范引领作用，带动乡村振兴规划编制和实施水平的提高。近年来，许多发达地区在推进社会主义新农村或美丽乡村建设方面走在全国前列，探索出了一系列可供借鉴推广的乡村振兴经验。也有一些欠发达地区结合自身实际，在部分领域发挥了推进乡村振兴探路先锋的作用。发达地区和欠发达地区在推进乡村振兴时都需要注意不同类型的典型经验、典型模式、典型案例的比较研究和融合提升，以此提升其示范推广价值。

第二章　中国农业农村发展历程及政策解读

古往今来，我国一直是以农业立国，社会稳定发展的三大基石就是农业、农村和农民，并且在历史的长河中，我国一直致力于农村建设的探索。自中华人民共和国成立以来，我国农业农村的辉煌发展成就赢得了世界的瞩目，这得益于政策的引领与深入人心的改革举措。在我国的发展过程中“三农”工作的重心始终是准确把握时代脉搏、灵活调整农村发展政策、持续深化农村改革。本章为中国农业农村发展历程及政策解读，主要介绍了五个方面的内容，依次是乡村社会改良阶段、农村合作化改造阶段、农村市场经济体制形成阶段、统筹城乡发展阶段、乡村振兴战略实施阶段。

第一节　乡村社会改良阶段

一、乡村社会改良阶段的发展概况

在我国的历史发展过程中，中国经历了两千多年帝制时代的制度和文化，这使得我国逐渐形成了相对稳定的、自给自足的农业经济和相对独立的乡村单元。传统乡村社会的发展具有显著的“内生性”特点，即以乡村自治和自我组织为特点，依赖于乡村士绅的个人或团体能力以及广大农村地区的“农耕文化”惯性，推动乡村建设。作为帝制时代国家政权的基层个体、国家各个阶层和基层村民联系的纽带，乡村士绅（乡贤）既是乡村规划、建设和管理工作的组织者、参与者，也是乡村水利设施、道路设施等基础设施建设的实施者和受益者。然而，在生产力极不发达的帝制时代，天灾人祸是导致乡村地区相对贫困的重要原因之一，乡村地区往往成为帝制时代较不稳定的边缘地带。在此背景下，统治者常常借助乡村士绅（乡贤）与村民的血缘关系和影响力，通过小范围改善乡村基础设施、发展自给自足的生产建设，维持相对稳定的乡村社会秩序。

1911 年，辛亥革命爆发，推翻了统治中国两千年的君主专制制度，建立了中国历史上第一个资产阶级共和政府。随后，中国进入了共和时代，传统的乡村社会出现动荡衰败，乡村士绅也随之离开乡村，进入工商业较为发达的城镇。[①] 由此，传统意义上由乡村士绅主导的乡村建设或改良出现停滞，甚至倒退。同时，受地方军阀、土豪劣绅、外国传教士等进入乡村的影响，在维护地方相对稳定和保障自身利益前提下，广大乡村进入近代民主自治的乡村社会改良阶段。

二、乡村社会改良阶段的探索模式

20 世纪 30 年代，我国乡村建设进入高潮。以晏阳初、梁漱溟、卢作孚、黄炎培、陶行知等为代表的民国精英知识分子，积极探索农业农村发展政策和模式，掀起了乡村建设和改造热潮。其中，定县模式、邹平模式、北碚模式、徐公桥模式、无锡模式对后世影响深远。

（一）定县模式

定县模式，即晏阳初和中华平民教育促进会在定县（现为定州市）等地推行的系列乡村建设举措。该模式的倡导者和组织者均有海外留学背景，所需经费也不是由政府支出，而是美国的民间捐赠。该模式的核心在于，通过文艺、生计、卫生、公民四大教育，培育有文化的中国新农民。

（二）邹平模式

邹平模式，即梁漱溟及山东乡村建设研究院在邹平等地推行的系列乡村建设举措。其做法是通过兴建学校对广大农村居民进行伦理道德教育，并组织乡村自卫团体，维持社会治安。该模式的领导者大多没有海外教育背景，由于得到了政府的经费支持，对政府的依赖性较强。

（三）北碚模式

北碚模式，即卢作孚在重庆北碚等地推行的系列乡村建设举措。该模式最大的特点就是以实业为基础，兴建工厂、开办银行、发展贸易，同时开展教育、文化和环境的建设，实质上走的是一条实业救国的道路。这是中华人民共和国成立前较早进行的、效果较为明显的农村改造运动。

① 李守可．中国共产党对近代乡村社会运行系统的重构及其启示：从中国近代乡村社会的衰败与式微谈起 [J]，广西社会科学，2016（2）：140–149.

（四）徐公桥模式

徐公桥模式，即由黄炎培等和中华职业教育社推进的系列乡村建设举措。该模式重点通过成立徐公桥乡村改造会，制定了改造传统乡村的章程，并以此促进乡村的教育、医疗、卫生、环境等快速改善。

（五）无锡模式

无锡模式，即由高践四和江苏省教育学院进行探索推行的系列乡村建设举措。该模式最大的特点是抓住了乡村建设的“内生性”特点，立足当地特色资源和历史传承，充分发挥农民的“抱团”意识和团队协作力量，通过农村团体的自主性来解决乡村的诸多实际问题。

第二节　农村合作化改造阶段

一、农村合作化改造阶段的发展概况

在中华人民共和国成立初期，由于城市建设和工业基础相对薄弱，此时国家发展的首要目标是加速工业发展，特别是重工业的发展，这时的农村不仅负责粮食供应的安全，还为工业领域提供了必要的原材料支持。国家为振兴农村地区，发起了一场由国家主导，旨在恢复和提升农业发展的乡村建设运动，该运动使得农村的基础设施建设迅速加强，农民的生活水平也显著提升。到了20世纪50年代中期，国家进一步决定，以互助组、初级社和高级社的方式，将农民组织起来，形成类似于苏联集体农庄模式的社会主义农业组织。合作化后建立更高形式的社会主义新农村——农村人民公社，其特点是政社合一，工、农、商、学、兵紧密结合。在这一阶段，农村发展的主导组织形式是农村生产互助组、农业初级合作社、农业高级合作社、人民公社，其规模之大、影响之深遍布中国各地。与此同时，上山下乡运动也推动了农村的发展，农村地区在各方面都发生了天翻地覆的变化，如基础设施建设、公共服务、基层政权组织形式等，大大改善了农民的生活与生产条件，奠定了改革开放后农村高速发展的基石。

二、农村合作化改造阶段的主要政策

在社会主义建设总路线的指引下，我国积极推进农村集体经济的发展，并在城市和工业方面实施全民所有制经济，然后逐步开展一系列社会主义改造运动，从而建立以集体经济和全民所有制经济为双引擎的社会主义公有制经济体制。此外，我国还借鉴了苏联的发展模式——以农业为基础、工业为主导，先发展重工业，然后以恢复农业生产为前提，对城乡间的人口和商品流动加以控制，形成“农业支持工业、农村支持城市”的新格局。

在以上举措的借鉴下，自中华人民共和国成立初期到改革开放前夕，我国着重实行了土地制度改革、农业合作化改造、建立人民公社制度以及统购统销和供销信用合作四项有关发展农业农村的政策。这四项政策在不同的历史阶段依次推进，且各有独特的侧重点，使我国农业农村政策的基本框架得以构建，使我国农业生产和农村建设得以推进。

（一）土地制度改革

恢复农业生产是中华人民共和国成立后的重中之重，因此在这种情况下，当务之急是要推行一场在社会主义建设总路线指引下的农村土地改革运动。我国通过总结解放区土地改革的先进经验，于1950年6月，颁布了《中华人民共和国土地改革法》，此法旨在在全国范围内废除封建剥削的土地地主所有制，推行农民土地所有制。这一新的土地制度的主要举措有：没收地主的所有土地，并将这些土地以乡为单位进行平均分配，分配对象是没有土地和土地较少的农民以及那些被没收土地的地主，同时对中农和富农的土地和财产加以保护，确保富农经济的发展。至1953年，全国土地制度改革基本完成，约3亿农民共同分配了7亿亩农村土地[①]，宣告了压迫中国人民两千多年的封建土地所有制彻底结束。

（二）农业合作化改造

在土地制度改革之后，由于大量的小农经营对农业现代化进程产生了一定的阻碍，我国便开展了一场有着鲜明社会主义特色的农业合作化改造运动，以达到建立集体经济的目的。随着土地制度改革的结束，我国于1953年末颁布并执行了《中共中央关于发展农业生产合作社的决议》，这一决议对之前局部地区试点探索和农业生产合作社所展现出的优越性进行了高度认可。在党中央的大力号召下，短短两年，农业生产合作社数量从1.4万个增长到190多万个，全国入社农

① 黄卫，王维博．中国农村六十年变革[J]．中国新闻周刊，2009（8）：2．

户占比达到 60%。与此同时，部分地区开始探索更高级别的生产合作形式——生产资料和生产剩余均归集体所有，并快速向全国推广。1956 年末，农业高级生产合作社发展到 54 万个，入社农户占比提高到 88%。仅 4 年时间，全国便基本完成了农业合作化改造。[①]

（三）建立人民公社制度

河南省遂平县是实践人民公社的第一个地区，毛泽东对其组织形式和取得的成就予以高度赞扬，并以“一大二公”来总结。党中央于 1958 年 8 月正式颁布了《关于在农村建立人民公社问题的决议》，于是人民公社建设的浪潮在全国掀起。到了 1958 年末，全国的农村均完成了人民公社化，入社农户占比高达 99%。此后的几年，人民公社体制也在不断调整和优化，“三级所有、队为基础”“政社合一”的人民公社体制得以建立。以 1962 年 9 月颁布的《农村人民公社工作条例（修正草案）》为依据，农村人民公社所遵循的原则是各尽所能、按劳分配、多劳多得、不劳不得，这实际上是具有社会主义性质的互利互助的集体经济，它与全民所有制经济共同组成了社会主义经济的两种主要形式。在我国计划过渡到共产主义的背景下，人民公社制度实行的是平均主义。

（四）统购统销和供销信用合作

在中华人民共和国成立之后，由于粮食供求矛盾日益凸显，中共中央决定推行统购统销的粮油政策，建设供销合作社和信用合作社，这也是基于“农村支持城市”战略的考量。自 1953 年起，我国实施了长达 39 年的粮油统购统销政策，一是农村实行征购措施，城市实行定量供应制度；二是供销合作社要在 1957 年构建一个覆盖全国的流通网络，肩负起工农产品交换的使命；三是作为 20 世纪 50 年代初创的农村互助合作组织——农村信用合作社，要对农业生产中的资源短缺问题起到帮助作用。这三项政策细则注重国家与农民、农村之间的紧密联系，长期以来，对生产发展的推动、人民生活水平的提升和社会秩序的稳定具有深远的影响。

---

① 农业农村部．党领导新中国“三农”工作的历史经验与启示[EB/OL]．(2021-10-14) [2023-12-26].http：//www.moa.gov.cn/xw/lzjs/202110/t20211014_6379420.htm.

第三节 农村市场经济体制形成阶段

一、农村市场经济体制形成阶段的发展概况

党的十一届三中全会于1978年12月18日在北京举行，标志着我国改革开放、社会主义现代化建设、农村市场经济体制新篇章的开启。在20世纪70年代末，以家庭联产承包责任制等为主要内容的农村改革迅猛兴起，农业的经营形式由单一的集体经营变成统分结合的双层经营，农户的家庭经营成为农业生产的一个重要层次，由此解决了长期存在的农业劳动和经营激励问题[①]。在20世纪80年代初期至中期，我们见证了从人民公社制度转变为联产承包责任制，以及从农村商品生产流通到乡镇企业的发展，同时农产品统购制度改革和工农城乡关系也得到了关注，行政村管理体制的改革也在这一时期得到了深化。这一系列变革极大地释放了农村地区的生产力，改善了农村环境，提升了农民的生活水平。到了20世纪80年代中后期，国家在继续以农业生产为主导的同时，开始重视农村第二、第三产业的发展。至此，乡镇企业成为推动农村经济发展的重要动力，并为农民增收提供了有力的支撑。

随着乡镇企业的不断发展，农村的基础设施和公共服务设施建设进展迅速，农民的收入也在持续上涨，农村正迈入蓬勃发展阶段。在20世纪90年代之初，我国经济发展最活跃的便是乡镇企业，它们成为我国工业产值不可或缺的一部分。20世纪90年代之后，我国经济体制市场化改革步伐加快，国家发展的重心不再是农村而是城市，工业化和城镇化成为重中之重，所以对农业、农村和农民的投入相对有限。此外，在市场经济环境下，农业本身固有的脆弱性逐渐显现，使得“三农”问题浮出水面，引起了社会的广泛关注。在这一阶段，农业虽得到了长足发展，但在国民生产总值中的占比却逐年下降，从业人口也呈递减态势，对国家发展产生了影响。

二、农村市场经济体制形成阶段的主要政策

在党的十一届三中全会上，党和国家决定把全党工作的重点和全国人民的注意力转移到社会主义现代化建设上来，并确定了思想路线——解放思想、实事求

① 蔡昉. 中国改革成功经验的逻辑[J]. 中国社会科学，2018（1）：29-44.

是，由此改革开放的进程得以开启，同时，改革开放的出发点是对农村的改革。在 20 世纪 80 年代，我国农村改革的中心是解放生产力、发展生产力、激活农村市场经济，以此为前提，建立社会主义农村市场经济体制是 20 世纪 90 年代农村发展的大方向，至此，我国农业农村发展逐渐市场化。

从改革开放到我国加入世界贸易组织（WTO）的期间，我国实行了家庭联产承包责任制、提倡发展多种副业、完善农产品流通体制、发展农村商品经济、调整农村基层治理结构等一系列举措，体现了党和国家对农村的持续关注，使之适应发展的新形势，迸发出新的生命力。由此，我国基本形成了社会主义农村市场经济体制，农业综合生产力和农民生活水平大幅提升。

（一）确立家庭承包经营制度

中共安徽省委于 1978 年 2 月出台了《关于当前农村经济政策几个问题的规定》，其中明确规定要尊重生产队的自主权，坚持按劳分配的原则，鼓励实施生产责任制和开展多元化的经营活动，允许并鼓励社员经营适量的自留地和开展正当的家庭副业。同年，最先开始包产到户的是安徽省凤阳县小岗村。在党的十一届三中全会之后，以自身条件为基础，全国各地开展了不同形式的生产责任制，如包产到户、包产到组、包干到户，特别是 1982 年和 1983 年的中央一号文件，均专注于农业农村改革发展，纷纷推动了双层经营体制的发展，这一体制是以农户家庭承包经营为基础，统分结合。中共中央、国务院于 1983 年 10 月发布了《关于实行政社分开建立乡政府的通知》，对承包责任制向更深层、更多领域的实施和发展具有促进作用，这意味着我国完全结束了“政社合一”的人民公社制度。截至 1983 年底，包干到户的农户在我国农村占到九成以上。1995 年党的十五届三中全会和 2017 年党的十九大都作出“农村土地承包到期后再延长 30 年”的决策，以确保土地承包关系的稳定性和持久性。

（二）农产品流通体制改革

在农业生产的不断恢复中，农村居民加强了商品化认知。党的十一届三中全会明确指出恢复农产品集市贸易，并将其视为社会主义经济的补充，以解决农产品在农村和城市的供需问题。自 1979 年起，全国各地逐渐恢复了农产品集市贸易。在 1983 年的中央一号文件中，针对小农产品统购派购问题，提出了逐步缩小其范围，并且农民在完成统派任务后，鼓励其通过多种渠道经营剩余产品。在 1978 年至 1984 年间，国家减少了 70% 统购派购的农副产品品种，农副产品在农村商品中所占比重也降低了45%。为进一步激活农村商品经济，在1984年和1985年的中央一号文件中，明确指出取消农副产品统购统销制度，并鼓励农民积极参与多渠道的农村商品流通。在1990年，对于一些农产品，我国开始实施“国家定购”政策。在整个20世纪90年代，持续推进以粮食为主导的农产品市场流通体制改革，使粮食收购价格偏低和购销价格倒挂的问题得到有效解决。经过这些努力，我国粮食购销双轨制和全国农产品市场网络体系得以构建。

（三）鼓励发展乡镇企业

随着农业生产效率的显著提升和农村商品经济的全面激活，乡镇企业迅速崛起，这有助于农民收入的增加和农村剩余劳动力的转移。在改革开放之初，党中央对社队企业发展提出了更高要求，在发展种养业的同时，农村可以发展加工业、建筑业、运输业以及各类服务业。中共中央、国务院转发农牧渔业部和部党组出台的《关于开创社队企业新局面的报告》，提出各地方、各部门应给予社队企业一定的帮助，并同意报告提出的将社队企业命名为“乡镇企业”。随后，国家逐步放宽了对产业的限制，农村大力创办企业的热潮就此掀起。因为乡镇企业未与所有制企业产生竞争关系，所以凭借其迅猛的发展势头迎来了辉煌的黄金时期，在1987年，乡镇企业产值第一次超越了农业产值。为推动乡镇外向型经济的发展，中央各部委联合下发了《关于推动乡镇企业出口创汇若干政策的规定》。然而，在外部环境不断变化的背景下，乡镇企业自身发展的弊端逐渐显露，到了20世纪90年代中期呈现日渐衰落之势。

（四）乡镇治理结构改革

乡镇治理结构改革主要是在20世纪80年代中期。1983年开始实施行政分开，全面建立乡政府。1986年中共中央、国务院发布《关于加强农村基层政权建设工作的通知》，从政治、经济两个领域，村、乡、县三个层级，系统地提出了完善乡镇政权建设的思路[①]。村级层面治理结构改革主要涉及村民自治。1982年12月公布实施的《中华人民共和国宪法》规定农村实行村民自治制度，次年开启村民委员会组织法立法过程，并于1987年审议通过《中华人民共和国村民委员会组织法（试行）》。该法于20世纪90年代中后期加以修订，在加强党的领导、选人、议事、监督方面充实了新的内容，并对村民委员会的性质、职能等相关问题作了更为明确的规定。1998年，《中华人民共和国村民委员会组织法》正式颁布，标

① 赵树凯．关于乡镇改革历史进程的考察[J]．经济研究参考，2008（32）：44—47.

志着我国村民自治正式步入法制轨道。

第四节　统筹城乡发展阶段

一、统筹城乡发展阶段的发展概况

2002 年，党的十六大胜利召开，正式提出“统筹城乡经济社会发展，建设现代农业，发展农村经济，增加农民收入，是全面建成小康社会的重大任务”，这标志着城乡统筹建设正式拉开帷幕。这是党中央根据 21 世纪我国经济社会发展的时代特征和主要矛盾，致力于突破城乡二元结构，破解“三农”难题，全面建成小康社会做出的重大战略决策。2005 年 10 月，党的十六届五中全会提出建设社会主义新农村的重大历史任务，提出“生产发展、生活富裕、乡风文明、村容整洁、管理民主”的具体要求。2006 年 1 月 1 日，《中华人民共和国农业税条例》正式废止，标志着 9 亿中国农民彻底告别了缴纳农业税的历史。我国以新农村建设为目标，正式进入工业反哺农业、城市支持农村、财政补贴农民的新时期。2007 年 10 月，党的十七大报告提出，“要统筹城乡发展，推进社会主义新农村建设”，把农村建设纳入国家建设的全局。2008 年 10 月，党的十七届三中全会指出，建设社会主义新农村，形成城乡经济社会发展一体化新格局，必须扩大公共财政覆盖农村范围，发展农村公共事业，使广大农民学有所教、劳有所得、病有所医、老有所养、住有所居，并提出了城乡一体化建设的八大具体措施。2012 年 11 月，党的十八大对推动城乡发展一体化做出了重要部署，明确指出要加快发展现代农业，着力促进农民增收，坚持和完善农村基本经营制度，加快完善城乡发展一体化体制机制。2013 年 11 月，党的十八届三中全会提出“形成以工促农、以城带乡、工农互惠、城乡一体的新型工农城乡关系”。在这一时期，随着国家城镇化进程的加快，撤村并点，农民进城成为市民的速度也开始加快。

与此同时，从 2004 年开始，中共中央连续发布了 14 个以“三农”为主题的中央一号文件，表明国家对“三农”问题高度关注，在“三农”领域的财政投入和政策倾斜程度也不断加大。在这一阶段，政府稳步推进土地制度改革，积极完善乡村公共服务体系，提出“美丽乡村”的建设目标，使得乡村居民的生活环境得到明显改善。同时，在推动城乡统筹发展方面，城乡一体化建设有了较为具体的发展目标和发展方向，多项“三农”工作也全面向城乡一体化建设的目标迈进。

在实践中，中共中央统筹城乡和城乡一体化政策的实施，并取得显著效果：城市高速发展、农民得到的实惠增多、“三农”问题有所缓解、农村产业基础愈加夯实、公共服务显著提升、生态环境逐步改善、城乡一体化发展潜力得到释放。

二、统筹城乡发展阶段的主要政策

基于统筹城乡发展的战略引领，自 21 世纪起，农业农村政策所坚持的原则始终是少取、多予、放活，以推动强农惠农政策体系的建立，对于农村基础设施和公共服务设施建设，予以更多的财政扶持，对于农民工就业问题，予以政策支持，同时，在不同领域进行农村改革的试点工作，如农村金融、义务教育、合作经济等。这些举措不仅使农民生活的条件得以改善，而且使城乡差距不再拉大。

（一）调整完善强农惠农政策体系

21 世纪之初，党中央开始着手改革农村税费问题，旨在减轻农民负担，为农民松绑。在 2004 年，除了烟叶之外，国家全面取消了农业特产税，并开始实行免征农业税的试点。在 2006 年，《中华人民共和国农业税条例》正式作废，意味着全国农业税全面取消。2004 年至 2010 年期间，我国构建了农业补贴政策体系的架构，即生产技术与收入相融合、专项与综合相辅相成，并且“三补一减”的政策也取得了显著的成效。同时，在 2005 年，中央财政开始实行保护性收购政策，如发布粮食最低收购价，旨在加大粮食大县的转移支付和奖励力度。自 2008 年起，为稳定农业生产和增加农民收入，政府开始建立专门用于现代农业生产发展的资金，使主要粮食作物保险的保费补贴的试点范围得以扩大，并优化粮食风险基金机制。自党的十八大以来，对于我国农业农村的扶持与保护政策，更注重生态保护、农业资源的可持续利用、基础设施建设与维护，以及财政支持农业形式的完善。此外，在农村居民合作医疗保险、新型农村社会养老保险等方面，我国正努力推进与城市居民的保险制度相融合，以实现城乡基本公共服务的均等化，从而缩小城乡差距。

（二）促进农民合作经济组织发展

随着 20 世纪 80 年代生产力的迅猛发展，我国农产品市场出现了重大变革，农产品产业链不断加长，初级产品的占比却逐渐缩小，与之而来的是初级产品生产者利益的保障问题。“加大对农业专业协会、农户自办联办等服务组织的扶持力度”，这一举措是在党的十三届八中全会上提出的，各种合作形式的实践也应运而生。在 2004 年—2008 年的中央一号文件中，均指出发展农民合作经济组织的关键性和必然性，特别是在 2007 年的《中华人民共和国农民专业合作社法》中，农民合作社得到合法认证，这也意味着我国迎来了农民合作组织发展的新时期。然而，农民自由组建的合作社大多存在运营不力的问题，因为相较于成熟的公司，他们在诸多方面都略显不足，如资金技术、管理制度、经营观念等，需要继续探索改革措施以促进农民合作经济组织的健康发展。

（三）农村金融体系重构

改革开放到 20 世纪 90 年代中期之间，中国农业银行主导的各地农村信用合作社成为“三农”金融服务的主要对象。从 1996 年，农村金融体制开始在我国开展，农村信用合作社逐渐变为金融组织，具有合作性、自愿性和民主性，摆脱了农行的约束。《深化农村信用社改革试点方案》是国务院在 2003 年颁布的，以优化农村信用合作社的治理体系、产权制度、现代管理机制。自党的十六大以后，农村金融改革的核心是金融机构多样化、金融市场体系竞争化，以提升农村金融经营效益。此外，21 世纪初，一些地区实施农户小额信用贷款制度，这一举措在实践中得到了完善，试点范围也在逐步扩大，成为农村金融服务的重要组成部分。

（四）完善农民工相关政策

在城镇化、工业化的推进中，最显著的变化是农村劳动力的就业转移，转移到城市中的农民工数量在 2004 年到 2007 年期间直线上升，达到 2.9 亿人，农民工成了“三农”领域中最大的主体。对于农民工的就业和权益，党和国家政府是极为关注的。国家林业和草原局于 2004 年拟定了《2003—2010 年全国农民工培训规划》，旨在提升农民工转移中的就业能力，开展农村劳动力转移阳光工程。同时，国务院在 2010 年提出持续加强农民工的培训工作，农民工的就业环境问题在 2003 年和 2004 年的国务院发文中得到重视。推行农民工工作联席会议制度、出台《关于解决农民工问题的若干意见》是国务院在 2006 年所采取的举措，这有助于农民工就业服务体系的完善，使农民工在很多方面得到了保护，如子女教育、医疗等。对于农民工工资支付和拖欠问题，在 2010 年和 2016 年的相关文件中有了明确规定。同时，在 2014 年和 2015 年的相关文件中，国家还激励他们返乡创业，加强就业创业指导和服务。

第五节　乡村振兴战略实施阶段

一、乡村振兴被提升到战略高度、写入党章

由于我国城乡关系不断变化，为了适应这种变化，乡村振兴战略应运而生。它是在党的十九大报告上提出的，大会指出要坚持优先发展农业农村，使农业成为有奔头的产业、农民成为有吸引力的职业、农村成为安居乐业的美丽家园，从而推进决胜全面建成小康社会、建设社会主义现代化国家。

乡村振兴战略是2018年1月中央一号文件的中心，对乡村振兴的重要性和整体要求作了明文规定。《乡村振兴战略规划（2018—2022年）》是中共中央、国务院于2018年9月出台的，在很多方面作了新时代乡村振兴的指导，如构建乡村振兴新格局、建设生态宜居的美丽乡村、保障和改善农村民生、健全现代乡村治理体系、繁荣发展乡村文化等。此后，乡村振兴被提升到战略高度，并写入党章之中，之所以作出这一重大战略决策，是基于全面建成小康社会和全面建设社会主义现代化国家的目标任务，进而使新时代农业农村改革和发展有了明确的方向与重心。

2019年的中央一号文件强调继续坚持农业农村优先发展总方针，抓重点、补短板、强基础，进一步提出了重要农产品保障、数字乡村两大战略，深入推进优质粮食、农产品质量安全保障等8个工程，大豆振兴、农村义务教育、学生营养改善等5个计划，奶业振兴、农业关键核心技术攻关等9个行动，美丽宜居村庄和最美庭院创建、群众性精神文明创建两大活动。全面推进乡村振兴的政策举措正在加快落实到神州大地上。

二、继续聚焦“三农”问题

2020年2月5日，中共中央、国务院颁布的中央一号文件继续聚焦“三农”问题。文件明确指出，2020年是全面建成小康社会目标实现之年，是全面打赢脱贫攻坚战收官之年。党中央认为，要完成上述两大目标任务，脱贫攻坚最后堡垒必须攻克，全面小康在“三农”领域突出短板必须补上。

2020年是全面建成小康社会目标实现之年，也是确保实现第一个百年奋斗目标、为第二个百年目标打好基础的关键阶段。党的十九大从顶层设计开始把“三

农”问题定位为乡村振兴，事实上确立为国家发展的重大战略。乡村振兴战略实现也具体设定了三步目标：到2020年，乡村振兴的制度框架和政策体系基本形成，各地区各部门乡村振兴的思路举措得以确立，全面建成小康社会的目标如期如现；到2035年，乡村振兴取得决定性进展，农业农村现代化基本实现；到2050年，乡村全面振兴，农业强、农村美、农民富全面实现。在这样一个承上启下之年，一号文件有很重要的现实意义和战略意义。

“承上”意味着2020年要全面消除绝对贫困，顺利实现第一个百年奋斗目标。绝对贫困主要发生在农村。国务院扶贫开发领导小组表示，我国将对2019年底全国未摘帽的52个贫困县，以及贫困人口超过1000人和贫困发生率超过10%的共1113个贫困村进行挂牌督战，及时解决制约完成脱贫攻坚任务的突出问题，确保贫困人口如期脱贫、贫困县全部摘帽。人们有理由相信，在党中央的统一领导和统一部署下，按照现有的政策力度，全面消除绝对贫困，乡村振兴取得重要进展，顺利达成第一个百年奋斗目标是完全可以实现的。

“启下”意味着，2020年的一号文件也在为乡村振兴建立基本制度框架和政策体系。2020年的中央一号文件分为五个部分，包括坚决打赢脱贫攻坚战、对标全面建成小康社会加快补上农村基础设施和公共服务短板、保障重要农产品有效供给和促进农民持续增收、加强农村基层治理、强化农村补短板保障措施。前两个部分对标第一个百年奋斗目标，对农村全面建成小康社会做最后的扫尾工作和全面期末检查。后三个部分，从保障农产品供应、促进农民收入持续增收、加强农村基层治理，以及强化对农村补短板保障措施等角度，为实现乡村全面振兴，实现“农业强、农民富、农村美”的目标，建立了基本制度框架和政策体系。

经过改革开放多年的奋斗，国民经济快速发展，2023年我国国内生产总值超过126万亿元，比上年增长5.2%。2023年末，我国城镇常住人口达93267万人，比2022年增加1196万人。常住人口城镇化率为66.16%，比2022年提高0.94个百分点。[①] 但是，“民以食为天”是人类社会亘古不变的现实，在人口已经超过14亿的中国，无论经济怎么发展，农业还是国民经济的基础，农村还是中国社会稳定发展的“压舱石”，农业农村还是国民经济发展中的弱势和短板。由此，“优先发展农业农村”还是要作为一项长期坚持的政策。

同时，人们也要意识到农业和农村的结构发生了重大的变化，“三农”问题面对着新的挑战：农业工业化、农民收入非农化以及农村老龄化的问题。这些问

① 中国城市报．乐享城市生活，我国城镇化率达到66.16%[EB/OL]．(2024-01-22) [2024-01-25].https：//baijiahao.baidu.com/s?id=1788791026933151219&wfr=spider&for=pc.

题对农业可持续发展和乡村振兴目标的实现提出了新的挑战。

第一，农业工业化是指在种植业中化肥、农药、现代种子用机械进行大规模投入，以及畜牧业的大规模集中生产和抗生素等大量使用。农业生产效率在提高的同时，其生产对环境也造成了很大的负担，造成了生物多样性的丧失，以及水资源、土壤以及空气的污染等问题。

第二，虽然城市化率已经超过 60%，但是还有大约 5.6 亿人口居住在农村，农业经营收入还是他们的主要收入来源之一。虽然现在国家大力推进土地流转，提高种植规模，但是由于制度和自然条件限制，我国农业生产细碎化的特征还没有完全改变，这导致了农业经营收入占农民总收入比例逐步下降。外出打工已经成为农民的主要收入来源。据国家统计局数据，2023 年农村年人均可支配收入为 21691 元[①]，工资性收入依然超过了经营性收入，这意味着，通过支持农业来增加农民收入的政策效果相对比较有限。

第三，农村还有 40% 的常住人口，老龄化是农村发展最大的问题。这些老年人从文化和经济上都很难融入城镇生活。由于机械服务等农业经营服务体的发展，农业生产本身受到的影响有限。老龄社会最大的挑战是老人的养老问题，现有的养老金和养老设施覆盖是远远不够的。制定农村养老政策，让农村老人实现“老有所养”是一个很大的政策挑战，也是衡量一个国家进步程度的重要标志。[②]

随着我国整体经济的进一步发展，中国正在迈向发达国家之路。在欧洲等发达国家，其“三农”问题表现为所谓的 3F（Farm，Food，Future）问题：农场、食物和可持续发展。其核心就是让农业保持活力、保障食物安全的同时，从社会和环境等方面实现可持续发展。

2020 年中央一号文件对这些问题也有所涉及，但这些问题会成为未来中国农业面对的主要政策问题。面向未来，解决这些问题，是到 2050 年乡村全面振兴，农业强、农村美、农民富全面实现的重要前提。

2021 年 2 月 21 日，《中共中央 国务院关于全面推进乡村振兴加快农业农村现代化的意见》，即 2021 年中央一号文件发布，这是 21 世纪以来第 18 个指导“三农”工作的中央一号文件；2 月 25 日，国务院直属机构国家乡村振兴局正式挂牌。2021 年 3 月，中共中央、国务院发布了《关于实现巩固拓展脱贫攻坚成果同乡村

① 中国经济网. 国家统计局：2023 年全国居民人均可支配收入 39218 元，实际增长 6.1%[EB/OL]. (2024-01-17) [2024-01-25].https://baijiahao.baidu.com/s?id=1788302659881408666&wfr=spider&for=pc.

② 杨长福，刘志慧. 农村老人“老有所养”之挑战与抉择 [J]. 农村经济，2006 (10)：110-112.

振兴有效衔接的意见》，提出重点工作是要做好乡村振兴这篇大文章。2021 年 4 月 29 日，党的十三届全国人大常委会第二十八次会议表决通过《中华人民共和国乡村振兴促进法》。2021 年 5 月 18 日，司法部印发了《“乡村振兴 法治同行”活动方案》。2022 全国两会调查结果出炉，“乡村振兴”关注度位居第八位。这一系列的政策、方针、举措的实施意味着我国对乡村振兴的重视，社会各界也应当积极响应，投身于乡村振兴中，为我国的乡村发展贡献自己的力量。

第三章　实施乡村振兴战略的总体要求

本章为实施乡村振兴战略的总体要求，分别从乡村振兴战略的动力——产业兴旺、乡村振兴战略的根本——生态宜居、乡村振兴战略的目标——生活富裕、乡村振兴战略的灵魂——乡风文明、乡村振兴战略的保障——治理有效五个方面展开了介绍。

第一节　乡村振兴战略的动力——产业兴旺

乡村振兴战略规划是基于我国的社会和乡村发展现状提出来的，是基于我国社会主要矛盾发生变化和城乡发展不平衡不协调的背景下提出的。[①]

乡村振兴战略的首要任务是产业兴旺，它也是产业振兴的重中之重。新时代农村产业兴旺的特点体现在要素流动双向性、经营主体多样化、产业发展融合性、利益关系复杂性。产业兴旺对乡村振兴的实现和农民生活水平的提升有着重要的意义，在推进城乡融合发展和农村产业振兴中，扮演着重要的角色，在农业现代化征程中和现代化产业体系的建设中，必不可少。

一、产业兴旺的国家政策梳理

“三农”问题是关系国计民生的根本性问题。中央政府于 1982 年正式发布了首个一号文件，即《全国农村工作会议纪要》。自此以后，国家对“三农”问题的政策扶持力度有增无减。

国家农业政策经历了三个阶段的变化和演进：

第一个阶段（1982—2001 年），强调农业生产，围绕农业市场化、规模化、体系化建设，推行包括制度、要素投入等一系列改革。

第二个阶段（2002—2016 年），强调农业的经济效应和社会效应，农业发展要兼顾多个方面的内容，如资源调整、城乡统筹建设、产业体系延伸等，需要建

① 赵静涛．以产业兴旺推动乡村振兴探究 [J]．农村经济与科技，2020，31（16）：208–209.

立起有保障、有质量、有产能、有效率、有格局的产业体系。

第三个阶段（2017 年至今），强调农业发展的综合力量，农业要有赋能的属性，能够在需要它发挥作用的地方展其现应有实力。农业已超越单一产业体系的范畴，蜕变为涵盖全产业、全社会乃至全生态的综合体系。乡村产业借助农业的强大动力，可以实现“农业 +”的融合发展，成为连接不同产业、构建多元格局的重要纽带。精准扶贫、完善产业结构、农产品提效增质、绿色生产和空间布局调控将是未来国家农业政策的焦点。

《中共中央　国务院关于实施乡村振兴战略的意见》（2018 年中央一号文件）提出了乡村振兴战略的实施意见。在乡村振兴中，产业兴旺是重点。全面推进乡村振兴，必须坚持质量兴农、绿色兴农，以农业供给侧结构性改革为主线。

按照党中央、国务院决策部署，国家发展改革委 2018 年牵头编制《乡村振兴战略规划（2018—2022 年）》，按照程序上报党中央、国务院。2018 年 5 月 31 日，中共中央政治局召开会议审议该规划。国家发展改革委根据本次会议要求，对其进行修改完善，并报请印发实施。

习近平总书记在党的二十大报告中强调，“发展乡村特色产业，拓宽农民增收致富渠道”[①]。以习近平新时代中国特色社会主义思想为引领，以实施乡村振兴战略为总抓手，以农业供给侧结构性改革为主线，以产业融合发展为路径，以乡土经济、乡村产业为核心，以农业产业强镇（含乡，下同）示范建设为载体，以资金资源统筹、投融资机制创新为动力，推动农业转型升级，推进产业全面振兴，带动农村全面进步、农民全面发展，走出一条中国特色社会主义乡村振兴道路。

二、产业兴旺的实施路线图

产业发展是实现乡村振兴的核心。农村产业发展是农村可持续发展的内在要求。初步归纳，关于乡村振兴战略的产业兴旺实施路线图如下：

一是编制乡村振兴战略规划、产业振兴专项规划和三年行动计划。一方面，各级党委、政府要加强组织领导，明确各级发改、农业、工业和信息化、畜牧、林业等部门职责，加强协调互动，分工负责，研究制定和分解落实乡村振兴战略规划与三年行动计划。另一方面，各部门制定文化旅游、乡村文明、组织建设、人才建设、科技研发等专项规划，完善各级乡村振兴的政策环境和产业政策，为

① 郝华勇，杨梅．农村产业融合发展带动农民增收：分析框架与路径对策[J]．湖北社会科学，2023（8）：78–85．

产业兴旺提供科学的决策依据。

二是积极推动并探索乡村振兴的产业兴旺模式。我国农村过去强调农业生产发展，目标在于解决农民的温饱问题。习近平总书记在党的二十大上所作的报告中明确指出："扎实推动乡村产业、人才、文化、生态、组织振兴，全方位夯实粮食安全根基，牢牢守住十八亿亩耕地红线，确保中国人的饭碗牢牢端在自己手中"[①]。这表明产业兴旺需要从过去单纯追求产量向追求质量转变，从粗放型经营向精细型经营转变，从不可持续发展向可持续发展转变，从低端供给向高端供给转变。

三是采取问题导向，制定有序推进的步骤和策略。产业兴旺是解决农村问题的前提。习近平总书记在党的二十大报告中强调，"发展乡村特色产业，拓宽农民增收致富渠道"[②]。为解决我国农村产业发展的诸多问题，如地方特色和核心优势不明显、产业布局同质化、产业结构单一、产业缺少竞争力、效益增长乏力等，必须加强调查研究，改进管理决策水平，创新振兴模式和思路，优化农业产业结构，补短板，降成本，打通农村产业发展的"最后一公里"。

四是确定优势产业和培育产业。首先，根据各地区特有的资源和优势，运用分析模型，确立产业组合和主导产业，明确产业发展的主要任务。积极探索农村产业模式和新业态，制订具体行动计划，推动农村一、二、三产业融合发展。其次，严守耕地红线，大规模推进高标准农田建设和农村土地综合整治，加强永久基本农田保护，全面落实永久基本农田质量建设，建立健全耕地保护补偿和激励机制，构建数量、质量、生态协调发展的耕地保护体系。再次，对于传统农业的改造，可以通过多种先进技术，如人工智能、大数据、物联网、云计算等，以推进都市农业、设施农业和智慧农业的发展。最后，加大对家庭农场的扶持力度，对于农村经纪人、有条件的种养大户和致力于现代农业发展的高校毕业生，激励他们登记注册并组建家庭农场，开展示范建设，打造特色农场、美丽农场和智慧农场。

五是落实责任分工和重点任务。以推进供给侧结构性改革为主线，明确产业兴旺的路线和主要责任，分工落实到各部门、各行业和重点农业示范园等，与重点项目相结合，不断优化、提升供给质量和效益，推动农业农村发展提质增效，实现农业增产、农村增值、农民增收。

六是完善产业兴旺的要素配置和激励机制。重点是出台要素资源流动和优化

---

① 骆前秋，何伟福．深刻领会加快建设农业强国的内涵与意义[J]．当代贵州，2023（30）：66．

② 万俊毅．发展乡村特色产业，拓宽农民增收致富渠道[J]．农业经济与管理，2022（6）：19–22．

配置的政策，制定并出台财政、税收、金融和产业政策，发行产业扶持基金或乡村振兴战略基金，出台人才培育、引进和科技研发的激励政策，制定各级党委、政府与乡村振兴、产业兴旺挂钩的政策与考核细则。同时，加大责任考核和业绩兑现，提升规划制定和产业落地的力度和监督约束，推动产业兴旺目标的顺利实现。

三、产业兴旺的实践案例——国际产业振兴

全球各国的农业实践可以为我国乡村振兴战略的实施提供借鉴。本书系统梳理了世界范围内重点国家的农业实践做法，按照效果显著、模式创新、有普遍参考价值的原则，进行了归纳提炼，总结出日本、韩国、德国等七个典型国家的乡村产业发展案例。

（一）日本——精致、品牌、融合

为提升农副产品的品质，要致力于精致农业和品牌农业的建设，并开展“六次产业”，以深挖农业效能。为确保农副产品的商品化，要不断推进专业化分工、工厂化生产，同时发挥农协组织全产业链服务作用，以调和各地农业生产活动。此外，政府扶持也必不可少，政府可以实行农业贸易保护政策，使国内的生产市场有更好的保障。

（二）马来西亚——创汇、外资技术

首先，鼓励农业经济多元化发展，着重扶持创汇型、外向型的特色农业，如海产品、可可、橡胶、热带水果等；其次，通过其他国家的资金和技术，推动农业和农产品加工业的发展。

（三）意大利——观光、有机

第一，完善农业种养结构，对有先天优势和地方特色的瓜果蔬菜品种，要大力发展。第二，增加农业生产附加值，不断推动观光农业和有机农业的融合发展。第三，实行欧盟共同农业政策，在提高农业竞争力的同时，加大农业扶持力度。

（四）德国——规模、人力、科技、加工

为扩大农场经营规模，要不断整治土地、完善农业基础设施；为培养高素质、高技能的农业人才，要激励各类农业联合体和合作社的发展，以提升农场经营管理水平；借助先进的农业科技，使德国农业具有更高竞争力；借助先进的农产品

加工技术，使德国农业生产附加值得以提升；同意大利一样，实行欧盟共同农业政策。

（五）荷兰——出口、技术、优质高产

立足于欧盟的同时，关注全球市场，积极促进出口导向型农业的发展；充分利用先进的设施和资金密集型技术，提高农产品产量；根据当地条件，大力发展农产品加工业、种植业、畜牧业、园艺，使其成为优质高产的特色产业；最后同样是实行欧盟共同农业政策。

（六）韩国——特色、区域性产业

开展新村运动，通过政府领导和农村自主申请相结合的方式，进行精准有效的建设；农民收入始终是政府工作的重心，为促进农村特色产业和区域性产业的发展，需要持续改进农民生产环境和生活条件。

（七）美国——高端、全金融服务

为促使农业发展高端化、规模化、品牌化，需要不断完善各方面的保护政策；发挥政策性金融机构的引领作用、商业性金融机构的核心作用、合作性金融机构的扶持作用。

通过以上案例的分析，总结乡村产业发展取得成功的因素有以下几个。

一是关注产业与社会、生态之间的关系，重视长远的规划。坚持“生态”和“以人为本”的理念，发展产业。同时，规划具有权威性，这意味着规划不可随意改变，一经批准必须长期地执行下去，当然规划也要考虑前瞻性、实用性、科学性等因素。

二是因时、因地、因势制宜，上下结合，充分发挥乡村主体的主观能动性。首先，因时制宜就是把握历史发展风口，推动乡村产业发展。目前，农业发展缺乏活力，工农业、城乡差距较大，农村在经济、文化等各领域的发展相对落后于城市。乡村发展到了需要突破的关口。在这一方面，韩国因时制宜，发起新村运动，以提高农民收入为核心，引导农村发展特色产业、区域性产业。其次，因地制宜，就是充分利用资源禀赋，发挥本国的比较优势带动乡村产业发展。例如，马来西亚自然资源丰富，区位优势显著，以特色产业开局，以国际市场支撑多样化发展，充分利用毗邻新加坡的区位优势，引进外资和先进技术实行链上整合，提高附加值。最后，因势制宜，就是对产业发展方向进行精准判断，顺势而为，带领乡村产业占领新高地。例如，美国乡村产业发展一直采用因势利导的政策，农业与制造业、服务业一直“友好相处”，并通过双向资源、技术、资金输出建立完整的农业体系。还有日本首次提出“新六产”概念，在农业未来发展中抢占“跑道”，进行全链服务。另外，各类乡村产业发展成功的国家，无一不是在政府和市场双重努力下取得了快速发展，尤其是在乡村产业发达的国家，政府的规划布局起到了关键作用。

三是予以乡村基础设施建设高度重视。各国乡村的发展在乡村产业振兴、人居环境改善、基础设施建设等方面，大多经历了多重目标的转变，但工作重心仍然是乡村产业振兴，改善居民的居住环境和基础设施条件始终是建设乡村的首要任务，对于基础设施和公共服务设施的建设也一直在推行。我们不难发现，医院、公园、学校、图书馆等公共基础服务设施是优先发展规划的一环，这主要体现在日本、韩国等一些国家。同时，他们也比较重视交通、通信、能源供给设施的完善，从而使居民的生活和工作需求得到满足。因此，我们需要紧跟社会信息化发展的步伐，持续加强乡村互联网建设和服务平台建设，提供全方位的服务，如人才培训、农产品销售等，力求在农业信息化领域实现全面普及。基础设施作为有利的支撑条件不断推动产业发展，产业振兴后又反哺基础设施建设，形成良性循环。

四是鼓励大众参与，充分发挥群众的积极性和创造性。在典型案例中，群众除了能参与规划阶段之外，在前期研究上，也可以通过多种形式参与其中，如座谈会、规划展示论证等。对于群众参与的法律地位，各国各地区极为重视，纷纷予以法律的有力保障，且主管部门往往不会审批任何未经群众论证的规划。在规划执行和建设过程中，群众肩负监督之责，可以投诉一些与规划相悖的行为。

四、产业兴旺的发展方针

（一）坚持因地制宜

产业兴旺所蕴含的内容极为丰富。乡村产业兴旺的关键在于第一产业的完善和第二、三产业的发展。我们应积极推动农业与旅游业的紧密结合，实现农业与互联网的深度融合，致力于第一、二、三产业的融合发展，其中第一产业是第二、三产业的重要支撑，第二、三产业对第一产业有回馈功效。相互融合、相互促进的第一、二、三产业推动了农业的发展，体现在：拓展农业发展领域、延伸农业产业链的长度、扩大农业产业的范围、提高农业价值链的层次、优化农业利益链的分配，从而促进农业产业之间的协同发展，促进农村各个产业之间的融合发展。

1. 要优化第一产业

农业不仅是国民经济的基石，而且关乎民生。俗话说民以食为天，所以农业的发展要一直推行。但就全国各地实施的乡村振兴战略，我们发现人们无意识地忽视了农业的重要性。比如，农旅结合，谈及“农”较少，“旅”反而更多。在其投资上，“农”占比较少，而“旅”占比多一些，当然在其他方面也有体现，显然与“产业兴旺”的政策要求相悖。要想使第一、二、三产业真正做到融合发展，必须立足农之根本。由此，我们要打好基础产业的根基，充分发挥农业的多重功能，促进农村生产、生活和生态的发展，鼓励农旅结合，使第一、二、三产业相互融合、共同发展。具体来说，积极推动“农业 +”的发展，即将农业与其他产业结合起来进行发展，要注意的是以优化农业产业为中心，体现农业发展的优质化、绿色化、品牌化和特色化。

2. 要因地制宜

各地区的乡村需要根据自身条件，从实际出发进行发展，切忌生搬硬套、机械模仿。依据各乡村的具体情况有选择地发展农业产业，适宜发展什么就发展什么。浙江省对此有许多经典的案例，如永康市下贵村发展养龟产业、安吉县黄杜村发展白茶产业、磐安县乌石村发展乡村旅游、余姚市横坎头村发展红色旅游、象山县东门村发展美丽渔村、临安区白牛村和缙云县北山村发展农村电商等，这些有针对性的发展不仅有利于强村富民，而且有利于产业兴旺目标的实现。因地制宜是这些乡村成功发展农业产业的关键。基于各村的优势产业，不断培育新兴产业，促使乡村产业体系的建立，同时，加快步伐推进“美丽资源”转向“美丽经济”，不但增加了农民的收入，促进了农村的繁荣发展，还实现了产业兴旺。

（二）坚持规划先行

科学规划是产业兴旺遵循的重要原则。产业发展规划的科学制定要依据各乡村的现实情况，规划中要体现出产业发展的具体方案、阶段目标、主要任务和基本条件，要起到指导与引领的作用。如今，有些乡村在没有深入调研的情况下，就开始着手发展市场热门产业，盲从性比较严重，相应地其中也会存在不少隐患。

产业发展规划要坚持多规合一。乡村产业发展规划要与土地利用总体规划、生态环境保护规划、城乡建设规划、县（市、区）产业发展规划相融合、相衔接，不能各搞各的，更不能相互矛盾，否则将难以真正落地。还要将产业发展规划与当地主导产业规划和乡村发展规划有机融合，以提升产业发展规划的可执行性和实施效果。

除此之外，如果完成产业发展规划的编制，就应按此执行，并坚定不移地贯彻到最后。任何一个产业都需要经历一段漫长的发展过程，我们不能急于求成，也不能半途而废或频繁改变方向。

（三）坚持群众主体

群众是乡村产业兴旺的主体，是乡村产业兴旺的核心力量，而群众工作是乡村产业兴旺的本质所在。乡村产业发展的核心推动力量在于农民群众，所以我们要充分调动群众参与的热情，倾听并尊重他们的意见，努力激发他们的潜能和创造力，重视群众所做出的决策。对于农村来说，无论选择何种产业、如何开展，都应当坚持走群众路线，依靠并相信群众的智慧，而非完全根据上级领导的指示来做决策。此外，做好群众工作和统一群众思想是乡村产业发展中优先考虑的，积极动员群众广泛参与，全面激发群众的积极性和能动性，借助群众的力量来推动乡村产业旺兴的发展。

（四）坚持改革创新

乡村产业兴旺不仅要深化改革，还应创新体制机制，坚持改革创新。采取改革创新举措可以促进市场活跃、激发要素活力、激活各方参与，推动乡村产业发展新动力的培育、激发和巩固。在乡村产业兴旺上要想取得重大突破，需要关注社会多方面的改革创新，如财政与金融、农户承包地制度、社会化服务体系、闲置农房和宅基地。

1. 推进农户承包地制度改革创新

当前，一些地方的农户由于多重原因并未充分有效地利用承包的土地资源，导致部分土地被废弃或闲置，土地利用效率也不高。因此，要想激活农户承包的土地资源，需要进行改革创新，开展农户承包地的确权登记和颁证工作，执行第二轮土地承包期满后，再延续 30 年的政策规定，并在此基础上，鼓励和引导农户依法、有序地流转承包地。为明确农户承包权和集体所有权之间的关系，一方面，我们应保障农村集体在承包地中的各项权益，如调整、收回、监督等，以便履行其作为承包地集体所有人的职责，在农户承包地流转的过程中，增强集体的影响力，同时要积极推动农村承包地经营权登记发证工作，确保农村承包地“三权分置”的制度得以真正实施；另一方面，我们还应深化农村土地利用制度改革，借助相关政策的支持，持续整顿土地资源，特别是山垄田、冷水田，严格把控建设用地的标准，对于一些连片土地，整顿后可以发包给新型经营主体，以推动规模经营的发展，从而使土地利用率得以提高。

2. 推进闲置农房和宅基地改革创新

对于农村宅基地的“三权分置”（所有权、承包权、经营权），我们要积极探索并优化其实施方式。通过现有的农村建设用地资源，开展涉农项目的建设，对于条件成熟的乡村，支持他们激活闲置的农村房屋和集体建设用地，以此发展休闲农业以及第二、三产业。以土地利用总体规划为前提，不断调整和完善农村用地的结构，对于农村分散的建设用地，我们要高效利用起来。第一，农村集体经济组织在遵守法律的前提下利用建设用地资源，可以自己创业，也可以与其他单位或个人合作创办旅游服务企业；第二，激活并改造农村闲置的房屋或宅基地，打造养老产业和民宿产业，以吸引城市居民前来养老或度假游玩，从而推动康养产业蓬勃发展。第三，对于撤除并搬迁的村庄，可以保存一些用于乡村旅游的民宿用地或其他用房，除此之外，可以根据当地的实际条件复垦农民的原宅基地，而复垦后得到的土地用地指标以市场化的方式出让，出让金则投入乡村产业的发展中。

3. 推进社会化服务体系改革创新

为加快农技推广的体制转型，应由传统的行政服务体制转向社会化服务体制。为了促进农业社会化服务体系的发展，应培育多元化的服务主体，让社会各界人士参与农业社会化服务体系建设，还应整合和协调相关的支持农业发展的政策措施，使农业社会化服务体系发展趋向运行市场化、服务专业化，从而推动农业服务体系的现代化。具体来说，第一，要着眼于财政支持方式的转变，采取政府购买服务的形式，也就是根据推广项目的进展，政府支付相应的服务费用，使财政资金得以充分使用，使科技人员工作的积极性调动起来。第二，在推进全产业链社会化服务体系的建设过程中，合作社的骨干力量、种植养殖领域的佼佼者、农技推广的专业人员、来自民间的“土专家”都应被鼓励并有机会参与到这一体系中来，支持并帮助这些社会化服务企业不断发展壮大。

4. 推进财政与金融体制改革创新

为加快完善涉农财政资金统筹整合机制，加大涉农财政资金整合力度，应优先支持、聚焦现代农业和新型乡村产业的发展。首先，探索财政撬动金融支持农业发展的新模式，放大财政资金的杠杆作用，综合运用担保、贴息、保费补贴等金融杠杆政策工具，吸引带动金融投资，解决乡村产业发展“融资难”“融资贵”的问题。其次，积极建立风险保障资金，综合运用担保、贴息、保费补贴等金融杠杆政策工具，吸引带动民间资本加大投入。最后，制定鼓励引导工商资本参与乡村产业兴旺的指导意见，引导更多的工商资本、金融资本、社会资本等投向乡村产业兴旺发展中。支持各类金融机构创新服务“三农”产品、拓展“三农”业务，促进涉农贷款投放持续增长。

（五）坚持真抓实干

促进乡村产业兴旺一定要坚持真抓实干，要有战略定力和足够耐心。“运动式”“口号式”的推进，表面上看起来轰轰烈烈，实际上往往不可持续，几年后回头一看，很可能还会带来“包袱”。调研中发现，各地在促进产业兴旺的过程中，或多或少存在这种“运动式”“口号式”产业发展现象，如特色小镇建设、特色农产品发展、村庄景区开发等，同质化严重，差异化不足，存在较大问题。因此，乡村产业兴旺必须真抓实干，要坚决避免搞形式主义，尤其不能搞成运动式的，否则很可能带来劳民伤财的后果。

（六）坚持党建引领

基层党组织是产业兴旺各项政策的最终执行者。促进乡村产业兴旺，关键是要依靠基层党建，坚持党建引领。在实践中，要切实抓好党的基层组织建设，带动乡村实现产业兴旺。乡村产业要发展，就必须有人才，但如果没有产业，那么乡村也很难吸引和留住人才，这是一个问题的两个方面。一方面，党委、政府要推动产业兴旺这项工作，要做好党建，引领产业发展；另一方面，产业发展了又能进一步巩固基层党建，巩固乡村基层治理成果。为此，必须切实选好、配强推进乡村产业兴旺的“当家人”，对于有些村支书不得力或有的村“两委”班子不得力的，该换的要换，该外派的要外派，要切实把上级领导的各项要求抓紧落实到基层。所以党委、政府应充分利用村级班子的基层发动能力与组织功能，发挥班子成员的积极性和创造性，激励其投身乡村产业兴旺大业，带动群众创业、就业，推动实现乡村产业兴旺。

第二节　乡村振兴战略的根本——生态宜居

乡村是古今中外文人墨客描绘的景物，也是多数人留恋的故乡。乡村的美丽是多数人美好的愿望与憧憬，但是，所有的乡村并不都是美丽的。由于诸多原因，我国有一些乡村是贫穷、萧条和污水横流的，亟待治理，而美丽中国、美丽乡村建设和乡村振兴战略已经吹响了让这些乡村再次美丽、再次令人向往的号角。

美丽中国的起点和基础是美丽乡村，乡村振兴战略的重点是建设生态宜居的美丽乡村。这更加突出了新时代生态文明建设与人民日益增长的美好生活需要的内在联系。

乡村生态宜居建设是乡村振兴战略的关键，是推进我国城乡协调发展的重要举措。随着乡村振兴战略的实施，乡村生态宜居建设将进入新的发展阶段，实现从过去的发展模式向内涵品质提升的阶段转变。[①] 乡村生态宜居是对“生产、生活、生态”为一体的内生性低碳经济发展方式的乡村探索。

一、乡村生态宜居的国家政策梳理

保护和利用生态环境是实现我国绿色协调目标，贯彻落实党的十九大、二十大精神，为全面建成小康社会补齐短板的关键举措，是我国经济社会可持续发展的内在逻辑与要求，也是增进民生福祉、建成美丽中国的基本保障。

《中共中央 国务院关于实施乡村振兴战略的意见》（2018 年中央一号文件）、《农村人居环境整治三年行动方案》《中共中央 国务院关于全面加强生态环境保护坚决打好污染防治攻坚战的意见》，以及国务院办公厅关于转发国家发展改革委、住房和城乡建设部（简称住建部）《生活垃圾分类制度实施方案的通知》（国办发〔2017〕26 号）指出，当前我国环境问题突出、资源保护培育机制匮乏、生活垃圾产生量迅速增长、环境隐患日益突出，已经成为新型城镇化发展的制约因素。实施乡村振兴战略，遵循投入品减量化、废弃物资源化、生活垃圾无害化的绿色发展原则，是改善城乡环境、促进资源循环利用、加快“两型社会”建设、提高新型城镇化质量和生态文明建设水平的关键举措。

《国务院关于开展第二次全国污染源普查的通知》（国发〔2016〕59 号）要求，开展全面系统的全国污染源调查与分析。《国务院关于印发土壤污染防治行动计划的通知》（国发〔2016〕31 号）强调了推进生态文明建设和维护国家生态安全的重要内容。《国务院办公厅关于健全生态保护补偿机制的意见》（国办发〔2016〕31 号），以及《国务院关于全民所有自然资源资产有偿使用制度改革的指导意见》（国发〔2016〕82 号）提出，生态保护补偿制度是落实生态保护权责、调动各方参与生态保护积极性、推进生态文明建设的重要手段，是生态文明制度建设的重要组成部分。

2023 年中央一号文件——《中共中央 国务院关于做好 2023 年全面推进乡村

① 马赛萍．乡村生态宜居建设的内涵及路径探讨 [J]．现代农业研究，2020，26（9）：33-35．

振兴重点工作的意见》于2023年2月13日发布，提出坚决守牢确保粮食安全、防止规模性返贫等底线，扎实推进乡村发展、乡村建设、乡村治理等重点工作，加快建设农业强国，建设宜居宜业和美乡村。《中共中央 国务院关于学习运用“千村示范、万村整治”工程经验有力有效推进乡村全面振兴的意见》提出，以确保国家粮食安全、确保不发生规模性返贫为底线，以提升乡村产业发展水平、提升乡村建设水平、提升乡村治理水平为重点，强化科技和改革双轮驱动，强化农民增收举措，打好乡村全面振兴漂亮仗，绘就宜居宜业和美乡村新画卷，以加快农业农村现代化更好推进中国式现代化建设。

农村道路建设是生态环境的重要组成部分。打造生态宜居的美丽乡村必须把乡村生态文明建设作为基础性工程扎实推进，让美丽乡村看得见未来、留得住乡愁。交通运输部等有关部门和各地区应认真贯彻落实党的二十大精神，从实施乡村振兴战略、打赢脱贫攻坚战的高度，进一步深化对建设农村公路重要意义的认识，聚焦突出问题，完善政策机制，不仅要建设好农村道路，还应做好管理、保护和运营工作，使农民富裕起来，更好地推进农业农村现代化建设。

二、生态宜居的实施路线图

关于乡村生态振兴工作，2018年中央农村工作会议明确指出，必须坚持人与自然和谐共生，走乡村绿色发展之路。以绿色发展引领生态振兴，统筹山水林田湖草系统治理，加强农村突出环境问题综合治理，建立市场化多元化生态补偿机制，增加农业生态产品和服务供给，实现百姓富、生态美的统一。这为建设美丽宜居乡村指明了方向和行动路线。

（一）编制可持续发展的乡村振兴战略规划

编制并实施绿色生态、可持续发展的乡村振兴战略规划和行动方案，需要以绿色发展为引领，统一各级党委、政府的思想，增强“绿水青山就是金山银山”的科学发展理念。让“绿水青山”“蓝天白云”“沃土千里”成为守护美丽宜居示范村的环境摇篮，形成生态系统平衡发展的“动力”系统。

（二）制定实施山水林田湖草系统治理方案

坚决打赢蓝天、碧水、净土保卫战，加快生态保护与修复，改革完善生态环境治理体系，统筹实现“蓝天碧水绿草地”。首先，对现有生态资源和山、水、林、田等生态系统进行全面规划和有效治理，不断优化生态环境。其次，加强对生态生物多样性的保护，持续推进治水兴渔、护草守牧、荒山绿化行动。再次，为应对水污染问题，应积极开展水污染防治工作，深入落实湖长制、河长制；在治理过程中要双管齐下，既强化污染减排措施，又加大生态扩容力度；为确保饮用水安全无虞，要持续优化水生态系统，整治农业、工业、生活污染源；对于污染严重和不达标水体，要严格把控，以逐渐消除城市黑臭水体。最后，全面提升乡村空间治理，改善农村人居环境，以循序合理的乡村建设与改造、治理，实现乡村生活“田园式”栖居。从“村村通”到“户户通”，持续推动基础设施与基本公共服务的升级保障，实施村容村貌改造工程。

（三）倡导绿色发展和低碳生活方式

生态宜居作为实现乡村振兴的内在要求和根本要素，全领域综合污染治理是关键的先导工程，以攻为守恢复人居环境的宜居。一方面，构建生态宜居的“免疫动力系统”，需要从工业污染物排放监测和综合治理、移动机动车污染物的排放监测整治、家庭生活用能排放与锅炉排放、建筑扬尘、秸秆燃烧物等重点领域的监测整治到综合防治工业固废及噪声、危险废物、辐射环境污染的治理分类防治大气污染。另一方面，加快调整乡村能源利用结构，鼓励高效清洁用能和新能源推广利用，推行激励与约束并举的节能减排新机制，完善农村环境税收价格政策，多渠道拓宽乡村节能改造、能源投资、融资渠道。实施生态发展提升工程，需倡导绿色低碳办公、绿色出行，大力提倡公共交通和骑行生活方式。同时，推进循环生态体系和绿色建筑，减少能耗，增加森林覆盖率。

（四）全面治理农村环境

第一，分类管控防治大气污染，多措施并举治理土壤污染，完善水污染防治流域协同机制，多方参与规范农村生态监管，全面建设美丽宜居示范村，强化乡村生态环境综合治理。第二，强化区域联防联控，减少重污染天数，改善大气环境质量，增强人民的幸福感。以农村垃圾、污水治理和村容村貌提升为重点，治理农村人居环境；强化农村生活环境管理，保障农村饮用水安全，实施村容村貌改造工程，持续改善乡村生活居住环境。

（五）形成绿色低碳发展的产业体系

首先，遵循新发展理念，优化产业结构、能源结构、运输结构、用地结构。全面实施土壤污染防治行动计划，突出重点区域、行业和污染物，有效管控农业用地和城市建设用地土壤环境风险。坚持自然恢复为主，统筹开展全国生态保护与修复，全面划定并严守生态保护红线，提升生态系统质量和稳定性。其次，加大土地污染综合治理与生态修复。实施监测的“三公开”制度，建立属地监测中心站与上级及国家土壤环境信息化管理平台的联动机制，加大年度定期自行土壤监测行动频率。以农业“两区”土地为重点，实施农田土壤污染防治行动计划，健全农田土壤污染监测预警体系，推进重金属污染耕地防控和修复，开展土壤污染治理与修复技术应用试点。在污染耕地集中区域，开展受污染土地综合治理与修复试点示范，探索土壤修复新技术、新模式。制定农用地污染防治相关技术规范，加快形成标准修复技术和科学治理推广模式。再次，落实问题清单、危险废物转移办结公示情况等全域污染源调查，采取重点问题式清单导向治理。实施流域环境和近岸海域综合治理，完善“四边三化”“三改一拆”等治污措施，确保水质达到五类，力争达到四类。

（六）完善生态补偿机制和监督约束办法

建立山水林田湖草生态系统首长责任制，实现生态产业化、产业生态化。实施山水林田湖草生态修复计划，推进生态系统有序治理。完善“以奖促治”政策，探索建立生态产品购买、森林碳汇等市场化补偿制度。推行生态建设和保护以工代赈做法，提供更多生态的公益性岗位。

（七）实施农产品生态化工程

为社会各界提供生态、有机农产品和综合化的生产生活服务。大力发展绿色产业，关注传统产业和发展新能源、节能环保等新兴产业。推动产业绿色化发展，建设一批示范主体，打造生态循环的新型农作模式。

三、生态宜居的实践案例

日本北九州市在20世纪60年代经历了环境污染，并为此付出了巨大的代价。经过几十年的生态建设，环境逐渐恢复，现已成为著名的绿色生态城市。北九州市“绿色城市”的实践经验，值得我们在开展生态环保工作时进行借鉴。

一是创新发展模式，构建“绿色城市”。日本北九州市政府注重和企业、市民等携手，实施“官、产、学、民”联合模式，全面推动生态环境建设。北九州市政府采取了一系列措施：主动立法，设立公害对策部门；成立公害动态监测中心；与企业联合构建舒适的生态环境。该政府在1988年，提出“北九州市复兴计划”，旨在恢复被污染的自然环境。他们鼓励企业参与公害防治工程；引导家庭妇女走上街头；提醒社会关注环境问题；成立环保组织，借助媒体宣传报道及居民监督运动，促进了环保建设。

二是实施循环经济，建设生态工业园区。从1997年开始，北九州市政府实施以环境产业建设、环境新技术开发、减少垃圾、实现循环型社会为主要内容的生态城市建设计划，推动“从某种产业产生的废弃物为别的产业所利用，地区整体的废弃物排放为零”的生态城市建设。

三是拓展新兴产业。北九州市政府注重优化产业结构，充分利用地区的独特优势，重构原有产业和发展新兴产业，以实现高度化、多元化的产业结构。在推动制造业转型升级方面，从以钢铁、造船等传统重工业为主导的产业格局转向以半导体、汽车等加工、组装型产业为核心的新型产业体系，以推进新兴产业基地的建立，率先发展集成电路、汽车、陶瓷、环境、机器人、食品、生物科技等新兴产业。另外，为了建设资源循环型社会，实施了生态工业园区工程，设立实证研究区、综合环保联合企业群区和响滩循环利用区三大区域。

四是推动环境国际合作，输出环境技术。广泛开展国际合作，实施环境技术输出。

四、生态宜居的建设方针

（一）环境治理

一是针对已被污染的环境，采取相应的措施进行治理；二是对可能产生污染的生产活动进行预防。治理和预防一定要从源头抓起，对污染性生产进行必要的治理，如大气污染，通过对排放出的气体进行治理，降低和减少有毒气体的排放量；污水要通过治理，使其有害物质降到最低，不会危害人体健康；固体污染物通过处理，可以再次利用，变害为利。总之，通过治理变污染废物为可利用的资源，增加和节约资源，达到合理利用、变废为宝的目的。因此，我们要把环境治理和保护作为村庄规划的一项重要内容。

1. 建立安全、清洁的生产机制

环境保护的预防实质就是建立安全、清洁的生产保障机制。在企业建设之初，从规划阶段就要建立在安全、清洁生产的要求之上，从根本上阻断污染的源头。

2. 加大环境保护管理力度

一是要加强对污染企业的管理，增加排污费用用于污染物的治理；二是限制污染严重的企业继续经营，对那些污染严重又无治理能力的企业，一定不予批准；

三是对那些污染严重又无治理能力的企业，一定要关、停、并、转，严禁再生产；四是禁止使用污染严重的农药、化肥和难以降解的塑料薄膜；五是要根据当地实际情况，分片建设污水处理场所，达到污水治理标准。

3. 农村建设要走“四节”“八新”的建设道路

“四节”，即节地、节能、节材、节水；“八新”，即建设新环境、利用新能源、利用新材料、建立新的管理和服务体系、建设新的基础设施和公益建筑、培育和完善新的社会主义市场体系、培育和造就新一代农民、建设社会主义新农村和树立新风尚。

（二）生态建设

生态建设包括构建循环经济、使用新能源和农业生态环境建设等内容。

1. 构建循环经济

建设社会主义新农村的一项重要任务就是构建农村的循环经济，以农业资源为基础，对农产品进行深加工，充分利用资源进行再生产，尽可能实现废弃物资源再利用，充分发挥资源的利用程度。

2. 使用新能源

我国农村面积广、分布点多、人口众多、能源消耗量大，而农村生态环境较差，农民收入偏低。使用新能源就是减少煤炭、石油等耗竭资源的使用量，尽可能使用太阳能、水能、风能、潮汐能、地热能等可再生能源，充分利用这些可再生能源，减少污染，节约资源。

3. 农业生态环境建设

我国人口众多、发展历史久远，人类对自然资源的过度开发造成自然环境和农业生态环境的严重破坏，使得农村生态环境较差，成为农村生产、生活的重要限制因素。因此，编制新农村规划必须把农村生态建设作为一项重要任务。

（三）生态农业建设

实践证明，要遏制生态破坏，保护和改善农业生态环境，实现农业现代化和保持农业可持续发展，必须发展生态农业。生态农业建设规划的指导思想是以生态理论为指导，充分认识农业生态系统是农村复合生态系统中的一个半人工生态系统，农业生态系统不但自身处于高效稳定运转状态，而且要与其他生态系统保持协调稳定。我们应因地制宜制订生态农业模式，充分合理利用农业内部的能源和资源，注重农、林、牧、副、渔等各业的全面发展和合作，促进农业生态系统的良性循环，使自然资源得以永续利用。同时，注重经济与环境协调发展，使经济效益、社会效益和环境效益达到高度统一。

（四）生物多样性保护和自然保护区建设

生物多样性包括遗传多样性、物种多样性和生态系统多样性。生物多样性既保护了农业生产的重要资源，也是当今自然保护工作的一个热点。保护生物多样性最有效的途径就是建立自然保护区，具体措施如下：

1. 保护区现状调查

进行自然保护区现状调查，按照建立自然保护区的条件和标准，会同有关部门共同确定保护对象及其类型、级别。

2. 确定保护区

确立自然保护区具体地点，并划定保护范围。

3. 建立管理机构

建立相应的管理机构，提出自然保护的要求，并制定防护措施。

（五）农业生态林建设

根据农业环境保护目标，对规划区域内宜林、宜草的荒山、荒地、荒坡、荒滩面积进行普查统计，划出范围，进行绿化，提高植被覆盖率；对于水土流失、草场退化、土地沙化严重的地区，会同有关部门划出退耕还林还耕还牧区域；对林业用地、各种防护林、道路、农田林网等采取相应的绿化措施；制定并执行有关法规，提出相应的管理措施，以保护森林植被资源，提高绿化覆盖率。

（六）水环境治理

水环境规划方案是由许多具体的技术措施构成的组合方案，这些技术措施涉及水资源开发利用与水污染治理的各个方面。水环境污染治理主要有两种方式：第一种是减少污染物排放，对于环境质量不达标的区域，严格把控其污染物排放总量；第二种是提升水体的自身净化能力，对环境容量加以利用，使水体有更大的承载力。

以下是水环境治理的具体举措：

1. 严格执行排放标准

对人为排入环境中的污染物浓度设定限制标准，旨在实现对排污量的有效控制。

2. 企业清洁生产

清洁生产是一种基本的污染防治方法，企业在带动区域经济发展的同时，也带来了较大的环境污染。企业清洁生产、减少污染负荷是乡镇企业的正确发展方向。

3. 污水治理与资源化

建设污水处理设施是解决城镇水环境污染的最终出路。在经济社会发展的基础上，可以推进一些地区的污水治理和污水资源化。对于经过二级或三级处理的污水，衡量是否能中水回用和污水资源化利用，比如，中水回用那些绿化或街道冲洗用水，农业灌溉用那些达到标准的污水。这种做法不仅能有效节约水资源，还能减轻水污染的压力。

4. 农业污染控制

为改善土壤结构，可调整农业结构，采用农作物轮种的方式；为防止水土流失，可以采用坡耕地和绿化林网的举措。在化肥农药的使用上，坚决淘汰高残留的农药，严格把控化肥农药用量，倡导使用有机肥。同时，建设和发展生态农业、绿色农业、有机农业，不断优化农业结构。在畜禽养殖方面，对于规模较大的企业，要严格规范其污水排放的方向，确保其采用有效的污染治理措施，产生的粪便应进行合理利用，还要做好地基防水处理工作，防止其被水浸泡，从而避免对地下水造成污染；而对于规模较小且分散的畜禽养殖场，需妥善安排其污水排放的路径和数量，合理堆存粪便。

（七）生态宜居建设中采取的主要措施

对于农业农村的环境保护和生态建设，要依据基本国策、中央各种文件要求和国家生态建设规划的具体安排来采取行动，可以采取以下四个方面的措施：

1. 加快美丽乡村建设

第一，完善县域村庄规划，提升规划的科学性和约束力。加强农村基础设施建设，强化山水林田路综合治理；加快农村危旧房改造，支持农村环境集中连片整治；开展农村垃圾专项治理，加大农村污水处理和改厕力度。第二，加快转变农业发展方式，推进农业结构调整，大力发展农业循环经济，治理农业污染，提升农产品质量安全水平。第三，依托乡村生态资源，在保护生态环境的前提下，加快发展乡村旅游休闲业，引导农民在房前屋后、道路两旁植树护绿。第四，加强农村精神文明建设，以环境整治和民风建设为重点，扎实推进文明村镇创建。

2. 发展绿色产业

第一，大力发展节能环保产业，以推广节能环保产品来拉动消费需求、以增强节能环保工程技术能力拉动投资增长、以完善政策机制释放市场潜在需求，推动节能环保技术、装备和服务水平显著提升，加快培育新的经济增长点。第二，实施节能环保产业重大技术装备产业化工程，规划建设产业化示范基地，规范节能环保市场发展，多渠道引导社会资金投入，形成新的支柱产业。第三，加快核电、风电、太阳能光伏发电等新材料、新装备的研发和推广，推进生物质发电、生物质能源、沼气、地热、浅层地温能、海洋能等的应用。同时，发展分布式能源建设智能电网，完善运行管理体系，大力发展节能与新能源汽车，提高创新能力和产业化水平，加强配套基础设施建设，加大推广普及力度。第四，发展有机农业、生态农业，以及特色经济林、林下经济、森林旅游等产业。

3. 严守资源环境生态红线

树立底线思维，设定并严守资源消耗上限、环境质量底线和生态保护红线，将各类开发活动限制在资源环境承载能力之内。严守资源消耗上限，探索建立资源环境承载能力监测预警机制，对资源消耗和环境容量接近或超过承载能力的地区，及时采取限制性措施；严守环境质量底线，将大气、水、土壤等环境质量“只能更好、不能变坏”作为地方各级政府环保责任红线，相应确定污染物排放总量限值和环境风险防控措施；在重点生态功能区、生态环境敏感区和脆弱区等区域划定生态红线，确保生态功能不降低、面积不减少、性质不改变，科学划定森林、草原、湿地、海洋等领域的生态红线，严格自然生态空间征（占）用管理，有效遏制生态系统退化的趋势。

4. 严格实施水资源管理制度

明确提出水资源开发利用控制、用水效率控制、水功能区限制纳污“三条红线”。实行水资源消耗总量和强度双控行动，防止不合理新增取水，切实做到以水定需、量水而行、因水制宜；坚持节水优先，全面提高用水效率，水资源短缺地区、生态脆弱地区要严格限制发展高耗水项目，加快实施农业、工业和城乡节水技术改造，坚决遏制用水浪费；严格水功能区管理监督，根据水功能区划确定的河流水域纳污容量和限制排污总量，落实污染物达标排放要求，切实监管入河湖排污口，严格控制入河湖排污总量。

第三节　乡村振兴战略的目标——生活富裕

乡村振兴战略实施的效果如何，关键还是要通过农民的腰包鼓不鼓、是否实现了生活富裕来进行检验。我国“三农”问题的核心是广大农民群众的收入问题。生活富裕既是乡村振兴的根本，也是实现全体人民共同富裕的必然要求。[①]农民生活富裕是中国共产党和各级政府最重要的努力方向之一，也是考验地方党委和政府执政水平和政治素养的重要方面。

一、生活富裕的国家政策梳理

要振兴乡村，必须使农业强旺、农村美丽、农民富裕，农民富裕是其中的关键。自中华人民共和国成立以来，党中央始终高度重视农民生活富裕的问题。自党的十一届三中全会以来，我国农村发生了许多重大变化。其中，影响最深远的是普遍实行了多种形式的农业生产责任制，而联产承包责任制又越来越成为主要形式。中国共产党第十二次全国代表大会提出了全面开创社会主义现代化建设的新局面，力争到 20 世纪末实现全国工农业年总产值翻两番的宏伟目标，并确定发展农业是实现这一宏伟目标的战略重点之一。

1983 年，中共中央印发《当前农村经济政策的若干问题》提出，我国农村只有走农、林、牧、副、渔全面发展，农、工、商综合经营的道路，才能保持农业生态的良性循环和提高经济效益；才能满足工业发展和城乡人民的需要；才能使农村的剩余劳动力离土不离乡，建立多部门的经济结构；也才能使农民生活富裕起来，改变农村面貌，建设星罗棋布的小型经济文化中心，逐步缩小工农差别和城乡差别。现有的社队企业，不但是支持农业生产的经济力量，而且可以为农民的多种经营提供服务，应在体制改革中认真保护，切勿削弱，更不得随意破坏、分散。社队企业也是合作经济，必须努力办好，继续充实发展。要认真进行调整和整顿，加强民主管理和群众监督，建立多种形式的生产责任制。

2017 年前后，党中央、国务院及国家发展改革委、农业农村部、财政部、生态环境部等都出台了有关人民生活富裕的政策文件。其中 2017 年中共中央办公厅、国务院办公厅印发的《关于加快构建政策体系培育新型农业经营主体的意见》，集中体现了党中央的战略意图，凝聚了各方共识，是今后一段时间指导新

① 丁立江. 乡村振兴须实现生活富裕根本目标 [N]. 中国经济时报，2020-07-02（04）.

型农业经营主体发展的重要政策文件。文件指出构建政策体系，培育新型农业经营主体的主要目标是到2020年基本形成与世界贸易组织规则相衔接、与国家财力增长相适应的投入稳定增长机制和政策落实与绩效评估机制，构建框架完整、措施精准、机制有效的政策支持体系，不断提升新型农业经营主体适应市场能力和带动农民增收致富能力，进一步提高农业质量效益、促进现代农业发展。

2018年中央一号文件全面阐述了乡村振兴战略的指导思想、基本原则、目标任务、实施路线和保障措施等，是我国推动乡村文明建设和实现人民生活富裕的纲领性文件。

国务院印发《关于加强质量认证体系建设促进全面质量管理的意见》（国发〔2018〕3号）提出，通过3—5年努力，我国质量认证制度趋于完备，法律法规体系、标准体系、组织体系、监管体系、公共服务体系和国际合作互认体系基本完善，各类企业组织尤其是中小微企业的质量管理能力明显增强，主要产品、工程、服务尤其是消费品、食品农产品的质量水平明显提升，形成一批具有国际竞争力的质量品牌。

中共中央、国务院印发了《扩大内需战略规划纲要（2022 － 2035年）》，并发出通知，要求各地区各部门结合实际认真贯彻落实。《扩大内需战略规划纲要（2022 － 2035年）》提出，坚定实施扩大内需战略、培育完整内需体系，是加快构建以国内大循环为主体、国内国际双循环相互促进的新发展格局的必然选择，是促进我国长远发展和长治久安的战略决策。

二、生活富裕的实施路线图

生活富裕是乡村振兴战略的目标和决定性指标，是决胜全面建成小康社会的关键，关系到我国规划实施的成效。全面建成小康社会，标志性的成果至少含有农村贫困人口全部脱贫、贫困县全部摘帽这两项。打好脱贫攻坚战，关键是打好深度贫困地区的脱贫攻坚战，攻克贫困人口集中的乡和村。乡村振兴战略事关国家现代化建设和中华民族伟大复兴。生活富裕是乡村振兴的重要目标，也是各地区“三农”工作的重点，生活富裕可按照以下的工作路线图实施。

（一）增加集体和农民收入

按照“消除空壳村、扶持薄弱村、壮大富裕村”的思路，优先保障集体经济发展，加强农村“三资”管理，拓宽农民增收渠道；加强县、镇两级农经管理队伍建设，完善农村集体“三资”委托代理服务，积极推行会计聘任制，规范村级财务公开；开展村庄经营，引导新型经营主体和集体经济组织建设标准厂房、商铺、营业用房和来料加工点等农民创业基地；鼓励村集体和有条件的农户依法向金融机构融资担保、入股从事农业产业化经营，获取财产性收入。

（二）提升创业就业质量

加大乡村人力资源开发，多渠道支持农民创业，全方位提高就业质量，多元化提供创业就业保障，提升创业就业质量。第一，引导工商资本和各类人才“下乡”，开拓农村创业“蓝海”，享受农村创新创业“红利”。同时，构建一批“线上线下、虚实一体、阳光便捷”的就业服务平台。第二，培育一批家庭工场、手工作坊、乡村车间，鼓励在乡村地区兴办环境友好型农产品加工、传统工艺类、大数据类、休闲旅游类、农耕文化类、农业服务类新企业，实现乡村经济多元化发展，为当地居民提供更多就业岗位。

（三）推动城乡基础设施互联互通

完善交通物流和仓储基础设施，强化水资源、通信、能源等基础保障，实施数字乡村战略，构建清洁高效的能源体系，推动城乡基础设施互联互通，促进农村基础设施提档升级。第一，全面推进城乡客运公交化和城乡公交一体化建设，鼓励发展镇村公交。第二，倡导低碳生活，节约利用生产、生活用水，保障水资源供应能力，实行水资源消耗总量和强度双控行动，加大水资源统一调度力度，确保空间均衡，合理分配客水指标，保证居民基本用水。第三，加快农村地区宽带网络和第四代移动通信网络覆盖步伐，开发适合“三农”特点的信息技术、产品、应用和服务。第四，深化农村能源服务体制机制创新，构建“清洁高效、多元互补、城乡协调、统筹发展”的现代农村能源体系。

（四）构建农村公共服务体系

优先发展农村教育，重点发展农村医疗，持续优化社会保障，构建覆盖城镇、普惠共享、公平持续的基本公共服务体系。第一，加强新型农民职业教育，建立与区域经济社会发展需求、现代产业体系和社会就业相互适应、相互衔接、协调发展、开放兼容的现代职业教育体系，逐步分类推进中等职业教育免除学杂费。第二，健全学生资助制度，把农村需要资助的学生纳入特殊教育体系，推动优质学校辐射农村薄弱学校常态化发展。同时，完善农村教育保障体系构建，建立长效运营机制。第三，全面实施社会保险改革，推广全民参保登记计划，完善城乡一体化的社会保险体系。

（五）打好精准脱贫攻坚战

做好乡村振兴与扶贫攻坚有机衔接，坚持精准扶贫、精准脱贫，把提高脱贫质量放在首位。首先，推动产业扶贫、开展教育扶贫、加强精神扶贫、实施金融扶贫、推进社会扶贫、夯实重点扶贫，打好精准脱贫攻坚战。其次，完善社会扶贫供需对接机制，整合全行业志愿服务资源。最后，探索“互联网 +”社会扶贫模式，搭建农村最低生活保障工作的动态化、精细化管理系统，实现扶贫资金、资源与贫困对象精准对接。

（六）出台产业优先扶持政策

在土地、资金、人才等方面优先向农业农村倾斜，并加大“党管农村”和干部任用的力度，提高各方对农业农村的重视程度和投入程度，以提高农业发展的质量和效率。

三、生活富裕的实践案例

关于乡村振兴战略中，如何实现生活富裕，可能的路径有很多，这里重点论述日本群马县川场村如何从衰败走向繁荣。

日本川场村位于群马县北部。20 世纪 60 年代，川场村逐渐衰败，1971 年被日本政府认定为“过疏地域”（即人口与户数锐减、地域老龄化、经济萎缩、生活信念低落等）。为了摆脱困境，川场村在 1975 年确立了发展“农业 + 观光业”的乡村振兴策略。

1981 年，东京都世田谷区与川场村结为“姐妹”，开始开展全方位的城乡交流。一是实施了乡村服务城市计划，1981—1990 年，世田谷区与川场村缔结“区民健康村相互协力协定”，共同成立“世田谷区川场故乡公社”，以服务城市居民为主要目标，健康村主要为市民提供疗养、自然体验活动、农产品与手工艺品销售等服务。二是自 1991 年以来实行城乡互助，共建富裕乡村。在这个阶段，川场村、世田谷区以及林地所有者三方共同合作，以“中野馆”附近 80 公顷（1 公顷 =0.01 平方千米）范围的森林为对象，开展森林保护等系列活动，推动城乡文化交流、农产品品牌化等合作项目。从 2007 年开始，在“友谊林”计划成功的基础上，先后推动实施了“后山整备计划”“农林再生事业”等城乡合作活动，引进了环保企业与志愿者组织，改造了居民房屋，业务范围扩大到了城市居民疗养、自然体验、农产品生产、民宿、文化会馆、食物工坊、田园广场等旅游与生活需求方面。

为发展乡村旅游业，川场村建设了“历史民族资料馆”“名主纪念馆”等文化旅游设施，景观设计保留了农村面貌，路径的地面维持了田间小路的原貌，路牌指示了路径的地理信息，介绍了农产品信息。

总体来看，川场村的产业转型和发展模式重点体现了社区营造的五要素：

人：城乡合作共赢，乡村力量主导。

景：注重空间品质，保留农业景观。

文：延续地域传统，促进文化交流。

地：开发与保护同时进行。

产：农业产业化、品牌化。

川场村借助城乡互动计划，逐步从“过疏地域”的衰败村落发展成城乡居民共享的“魅力故乡”，实现了以农业与观光业为主业的可持续发展。

第四节 乡村振兴战略的灵魂——乡风文明

乡村文明是乡村振兴的重要内容，是我国传统农耕文化和优秀乡村文化的传承与融合。[①] 乡风文明是乡村文化建设和乡村精神文明建设的重要目标，培育文明乡风是乡村文化建设和乡村精神文明建设的主要内容。

一、乡风文明的国家政策梳理

文化是乡村的灵魂。文化兴，乡村兴。2018 年中央一号文件提出，要培育文明乡风、良好家风、淳朴民风，不断提高乡村社会文明程度。文明的乡风、家风和民风是乡村振兴的重要内容和有力保障。中央宣传部、中央文明办、农业农村部等相关部门，先后印发《关于进一步推进移风易俗建设文明乡风的指导意见》《开展高价彩礼、大操大办等农村移风易俗重点领域突出问题专项治理工作方案》等，对移风易俗工作进行全面安排、专门部署。

二、乡风文明的实施路线图

乡风文明是乡村振兴的重要推动力量和软件基础。文明中国之根在于文明乡

① 曲文强，李晓玲，姚嫱．乡村振兴战略背景下农村优秀传统文化的传承与发展[J]．甘肃农业，2020（8）：3.

风，而文明中国的构建离不开乡风文明的滋养。乡土社会作为中华民族优秀传统文化的坚实堡垒，我们要高度重视文明乡风的培育，推进乡村乡风、家风和民风文明建设，应重点按照如下路线图实施。

（一）加强思想引领

把习近平新时代中国特色社会主义思想作为实施乡村振兴战略，建设文明乡风、家风和民风的思想引领，持续传播党的二十大精神。另外，聚焦脱贫攻坚、绿色发展、共建共治共享的社会治理等农村热点问题，研究制定解决问题的思路和方法，引导农村干部群众坚定信心，鼓足干劲，自觉投身乡村振兴的伟大实践中。

（二）建设文明新风

积极推动和塑造农村文明新风尚，杜绝厚葬薄养、人情攀比等陈规陋习；传播科学、健康的生活方式，移风易俗，敦风化俗，引导农民就地过上现代文明生活；落实村民议事会、道德评议会、红白理事会等村民组织，开展乡风评议，推动自治、法治、德治的融合，整治陋习，树立良好的乡村文明风尚。

（三）塑造良好乡风

开展乡村精神文明创建活动，培育和践行社会主义核心价值观，倡导良好的家庭、家教、家风，加强农村家庭文明建设。同时，开展“星级文明农户”“五好文明家庭”等评选活动，关爱农村留守儿童、留守妇女、留守老人，开展农村志愿服务活动。

（四）抓好环境整治

将乡风文明与生态环境建设紧密融合，坚守“绿水青山就是金山银山”的理念和人与自然共生共存的原则，积极推进农村人居环境整治工程，打造美丽宜居的村庄；加大农村的垃圾和污水治理及村容村貌建设，推进农村厕所革命，改善农民生产生活条件；深化农业供给侧结构性改革，主动补齐农村人居环境短板；树立现代生态文明观，倡导人与自然和谐共生，尊重自然、顺应自然、保护自然，建设生态宜居和谐的美丽乡村。

三、乡风文明的发展方针

（一）培育文化之魂

乡村在乡民长期的农业生产和生活实践中积累并形成了独特的乡村文化，涵盖道德情感、风俗习惯、社会心理、行为准则等多个方面，具体体现在乡民的物质生活、民俗民风、行为规范等层面。乡民在潜移默化中受到乡村文化的熏陶，体现在乡民的为人处世、社会认知、人生追求等方面。作为乡民生活的重要一环，乡村文化对乡民的生活和生存起到了精神支柱的作用，在民族心理塑造和民族文化传承中扮演着不可或缺的角色。在高速发展的工业文明和城市文明社会中，乡村文化并未丢弃其自身的价值体系，其独特的精神价值和社会意义依然存在。对于先进的乡村文化，我们可以从乡村文化中个体的整体素质和乡村文化基础设施建设来打造。因此，要想使文明乡风、良好家风、淳朴民风培育起来，必须深深扎根于乡村文明之中，充分挖掘乡村文化的深厚潜力，创造出丰富多样的文化形式。

在文化创作中，影视作品创作必不可少，影视作品的影响力也不容小觑，它会不断推动着文化繁荣。影视相较于传统媒介，具有视听结合的特点，在信息传播中拥有得天独厚的优势，深受大众欢迎与喜爱。影视作品因居家观看的便捷性和剧情的感染力，对人们的文化认知和审美观念影响越来越深，已成为当下最有影响力和承载社会文化价值最为丰富的艺术形式之一。

（二）以文化铸魂需要接地气

在众多的传播方式中，科技文化知识和以农村为背景的影视剧作品是对农民影响最大的一种方式。这些影视剧作品在很多方面都发挥了独特的作用，如丰富民众生活、弘扬中华文化、培育国民情操等。自中华人民共和国成立以来，我们经常会看到以农村社会面貌为题材的影视作品，它们站在农民的角度，为他们发声，关注农民在社会改革中的思想情感变化。当前农村的改革现实以及建设社会主义新农村的伟大实践，都在影视作品中有所展现，同时，通过荧屏传递积极向上的主旋律和正能量，引导着社会主流的价值观，促使影视艺术更加贴近民众、凝聚人气。在中国特色社会主义已进入新时代的背景下，新发展和新风貌的农村文化正是时代所需。就影视剧作品来说，不仅要立足农村社会现实，还要打造反映时代精神的佳作，深入探索“三农”题材的影视剧。在影视剧创作上，要坚守思想的高地，把内容作为核心要素，以影像为载体传递正能量，更加贴近民众生活，同时发挥其宣传教育的功能和价值引导的作用。当前，“三农”题材影视剧的创作致力于推动农村经济、政治、文化建设的稳步发展，致力于加快乡村振兴的进程，使其成为乡村振兴的精神支撑。“三农”题材影视剧的杰出创作者，怀揣着对农民深深的敬意和对乡土的浓烈情感，投身于社会历史发展的洪流之中，他们凭借科学的马克思主义世界观和敏锐的洞察力，精准捕捉农民生活背后的问题，再以艺术形式呈现在观众面前，既有新时代乡村振兴建设的伟大历程，还有农民在农业现代化建设的壮丽篇章，并将社会主义核心价值观融入其中，让作品充满感染力和共鸣力，发挥出强大的价值引领作用，使艺术达到了创造生活的至高境界。

（三）以文化铸魂要讲好农民故事

在农村文化建设的过程中，讲好农民故事至关重要。就农村题材的影视剧来说，在历经蜕变和洗礼后各方面都取得了显著的进步，如展现生活的广度、挖掘主题的深度、艺术表达方式等方面。然而，无论其如何发展，农村影视剧作为叙事性艺术作品的本质始终未变，其中融入了许多叙事性的文学元素，因此，讲好农民故事成了农村影视剧在追求创作提档升级过程中的核心任务。影视剧作品以讲述故事及其人物塑造为依托，以现实生活为原型展现故事情节，这意味着创作者对乡村与农民的形象往往不是凭空想象或捏造。一个优质的故事和情节一定是超越生活本身的，这意味着作品所叙述的故事不能只停留在生活表面的叙述上，应深入揭示生活的本质。本质是对同类事物共性的概括，对人们有启示意义和认知作用，而非个例现象或具体表象。“三农”题材影视剧，通过呈现生活本质的事件，不仅能将乡村现实中存在的矛盾体现出来，还能将农民当前的诉求表现出来。

第五节　乡村振兴战略的保障——治理有效

“治理有效”是实施乡村振兴战略的内在要求之一和乡村发展的基本保障，作为乡村社会的运行载体，乡村治理体系为不同治理主体探索实现公众利益最大化提供了重要的制度支撑，乡村治理现代化和构建乡村治理新格局是乡村治理体系的发展目标。基于中国乡村的重要地位，乡村治理体系被定位为国家治理体系在基层社会的基础，也是国家治理体系的一个重要子系统。从现实意义上讲，乡村治理就是在各级政府的指导下，农村基层组织基于农村实际和农村发展，充分利用各类资源，推进农业农村建设和发展的动态过程。在我国乡村治理体系中，乡村自治是其核心内容。自 1982 年我国将村民自治纳入宪法以来，村民自治为国家治理和乡村治理民主政治的发展提供了宝贵经验，村民自治既符合国家治理的需要，又符合乡村治理民主政治的发展趋势。然而，由于内外部复杂因素的影响，我国的乡村治理一度陷入困境，诸多涉及治理主体、治理模式和治理效果的社会问题制约或阻碍了农村社会的有序、稳定发展。针对此类问题，国内现有的研究成果大多集中在分析当前农村治理困境的成因和具体表现上。虽然一些专家和学者也从不同的角度提出了相应的对策和建议，但这些对策和建议往往是零散的。

当前，由于我国乡村治理主体的职责定位相对模糊，不同地区治理方式差异巨大以及治理成效缺乏科学的衡量标准，部分乡村地区的社会治理状况不容乐观，已经深刻影响乡村振兴战略的平稳实施。因此，探索科学合理的新型乡村治理体系是推进乡村振兴的重要前提。第一，坚持民主自治的乡村治理价值理念，村民自治是乡村治理的核心目标，自治过程中强调民主、公平是村民自治的根本理念，在乡村治理的过程中，应切实强化乡村各基层组织和个体成员的选举权、监督权等政治权利平等，同时也应注重乡村集体的经济权利平等。在具体实践中，乡村基层组织应增加乡村治理透明度，凝聚村民向心力，并积极引导村民参与和管理社区公共事务，从而完善基层民主化治理制度和促进基层村民自治的发展。第二，坚持乡村治理体系效益最大化。任何社会活动都必须考虑“投入产出”问题，乡村治理体系的构建与设计应充分考虑乡村场域的建设发展所带来的经济效益、政治效益和社会效益。在乡村治理活动的实际运行过程中应牢牢把握“成本与收益”问题，应认清作为国家治理体系的重要组成部分，乡村治理的重心在于追求最大化的社会效益和政治效益，而非单纯追求经济效益。第三，明确乡村治理体系各组成部分之间的关系。乡村治理体系由治理主体、治理目标、治理客体、治理方式、治理制度等诸多要素构成，各组成部分相互关联、密不可分。其中治理主体是治理体系的组织者和行动者，包括治理组织的权限和职能；治理目标是乡村治理最终实现的目标；治理客体是治理的对象；治理方式是乡村治理采取的各种方法和措施；治理制度是乡村治理的行为规范或行动准则。第四，厘清各治理主体的权限与职能。乡村治理应以村民自治为主，区分并理顺乡镇政府等行政管理主体、村委会与村民之间的关系，合理划分政府和村民自治组织的权力和职责，严格规范政府的行政权，防止越权、滥用权力等现象的发生，赋予乡村自治组织合法的政治权利。同时，社会各阶层组织应针对共同的社会治理问题积极协商和沟通，以实现各阶层组织的协同治理。

2017年，党的十九大报告明确提出“加强农村基层基础工作，健全自治、法治、德治相结合的乡村治理体系”。这是党中央首次在重要报告中对乡村治理问题提出明确的要求。乡村治理不仅关系一个乡村的自治问题和自我发展问题，还关系到中国共产党的执政基础、中国特色社会主义民主政治的发展和国家的现代化治理。健全乡村治理制度、实践“三治合一”的乡村治理体系既符合我国当前加强乡村村民自治的基本要求，也是强化基层民主法治建设的重要指导，更是推进国家管理体制现代化和管理能力现代化的重要基石。

改革开放以来，中国农村社会发生了广泛而深刻的变化。在农村社会不断繁荣发展的过程中，城乡间人口流动、村民生产生活方式、基层社会结构、法治意识等方面的新变化对农村治理提出了新的要求和挑战。为此，在党的方针政策和国家法律的指导下，全国许多农村地区积极创新，进行了许多卓有成效的农村治理探索，并取得了许多成功的经验。“三治合一”乡村治理体系的创新实践，解决了国家治理体系与治理能力现代化建设中的基层问题，发展了乡村治理体系的内涵外延，加强了乡村基层民主法治建设，落实了乡村自治，满足了乡村人民美好生活需要，同时也是乡村振兴战略顺利实施的内在要求。为深入推进乡村治理体系和治理能力建设，夯实乡村振兴的组织基础和制度机制保障，很多地方政府都出台了乡村治理实施方案。例如，庆阳市政府根据中共省委办公厅、省政府办公厅印发的《关于加强和改进乡村治理的实施意见》（简称《意见》），提出了符合自身实践发展的深化村民自治实践、建设法治乡村和提升乡村德治水平的乡村治理举措。《意见》中关于区域乡村治理的基本目标分为三个阶段：一是到2020年，农村基层党组织整体功能增强，村级议事协商和村民自治实践进一步深化，现代乡村治理的政策体系和制度框架初步形成，建成乡村治理示范村100个以上；二是到2022年，现代乡村治理的政策体系和制度机制更加完善，乡村治理体系建设取得明显成效，创建乡村治理示范村300个以上；三是通过示范带动、持续推进，到2035年乡村治理体系和治理能力基本实现现代化。

一、以自治为核心，实现乡村治理有力

乡村是我国基层治理的重要场域，我国乡村的传统治理方式以自治为主，这种自治机制所蕴含的内容比较繁杂。一直以来，我国乡村治理的政治环境深受历

史传统因素的影响，主要是“国权不下县、县下唯宗族、宗族皆自治、自治靠伦理、伦理造乡绅”这一历史传统。乡风民俗、生活习惯、伦理道德等都是乡村治理的重要支撑。我国乡村的社会结构在经济社会的不断演进中，发生了重大变革，许多问题逐渐浮出水面，如农村社会问题、社会矛盾、内部治理结构等。我国在行政区划分上采用了省、县、乡三级管理体制，摒弃了传统模式。然而，自治的传统仍存在乡镇以下的行政村之中。

（一）乡村自治是核心目标

乡村自治是构建“三治合一”乡村治理体系的主要内容，中国的乡村自治具有久远且深厚的历史基础，在长期的发展进程中逐步演化出具有区域特色的乡村自治现状和特征。从政治制度体系建设来看，村民自治制度是中国特色社会主义政治制度的主要组成部分，其在保障村民民主权利和反映村民个人利益诉求方面具有重要作用。改革开放后的乡村自治实践始于 1981 年，广西壮族自治区河池市宜州区南屏乡合寨村的农民组通过公开选举正式成立了全国第一个村民委员会，随后其他一些地方又出现了村民自治会、村民代表会议、村民监督委员会、村民组等，丰富了村民自治的组织形式。《中华人民共和国村民委员会自治法》明确规定了村民委员会的组织安排和村民自治的制度安排。实践证明，村民自治在推进农业发展、保障农民利益、维护农村安全、调解民间纠纷等方面发挥了巨大作用。村民作为乡村发展的最终受益者，在乡村治理中发挥重要的主体作用。村民自治助力广大农民群众在乡村场域依法行使个人民主权利，实行自我管理、自我教育、自我服务。其中，自我管理要求村民在自主意识下，依法自我管理、依规自我约束，主动参与并处理乡村事务；自我教育强调树立正确的价值观和是非观，增强村民自己的品德意识，以提升自身的认知、评价和监督能力；自我服务的核心在于借助创新机制和平台，积极动员广大村民为其提供服务，以确保每项事务都能得到有效管理。村民不断规范其民主选举、决策、管理和监督的行为，让自治权力行使得当，而且紧跟时代步伐，勇于探索创新，将阻碍发展且过时的部分舍弃掉，在村民自治实践中不断推陈出新，使符合国情和地区实际的村民自治新秩序得以构建。推进村民自治，有利于调动农民参与乡村治理的主动性和积极性，有利于实现和维护农民群众的合法权益，有利于推进乡村治理体系和治理能力现代化进程加快。

（二）乡村自治的现实困境

当前，随着经济社会的发展，乡村社会繁荣的背后也隐藏着重重危机，我国基层乡村治理面临着重大挑战，尤其是一些相对落后地区的乡村治理存在较大的制度缺陷和实施真空。政府用行政权力过度干预乡村自治，使得乡村自治权与政府行政权之间的矛盾突出。在传统的乡村治理模式中，村委会与乡级政府之间是代理与被代理的关系，村委会的主要职责是认真履行并完成上级领导交办的行政任务，在管理村务工作方面，行政权实际取代了村民自治权，从而导致村民自治的基本权利处于真空状态。根据《村民委员会组织法》和《中国共产党农村基层组织工作条例》精神，村民自治是在中共党委领导下的基层群众自治，乡村组织中的村支部委员会是乡村各领域工作的“领导核心”，而村民委员会应代表村民行使村民自治权，管理具体村务。但在实际工作中，“两委”职责不清，在一定程度上削弱了村民自治功效。此外针对“两委”的民主监督机制不完善，农村自治组织管理模式集权化现象严重，村民代表大会无法对“两委”实施有效监督，使得村民自治问题突出。

传统农村以农业为主的生产方式使村民之间普遍缺乏整体利益关系，即便存在整体性利益关系，集体行动也难以有效推行，基层村民自治作用发挥受阻。近年来随着城市化的发展，很多地方的城中村改造，存在巨额利益的诱惑。因为制度的乏力，城中村改造成为腐败的重灾区，村民民主表决往往沦为“空投”，村干部腐败现象滋生，大规模上访或群体性事件频发。究其原因，在乡村治理中，乡镇政府、村党支部和村委会等参与主体没有理顺与村民之间的关系，依然存在决策管理不民主、滥用职权等问题。村民是乡村自治的重要参与主体，自治是村民发挥自我管理的重要平台，而现实中却存在村民参与主体“缺位”和参与意识不足现象，村民主体性作用得不到有效发挥，村民参与自治的积极性不高，民主监督机制失灵。因此，“三治合一”乡村治理体系建设的村民自治力量相对薄弱。

“地方精英扮演关键性角色”是桐乡乡村治理实践取得成功的主要经验之一，推进乡村治理体系建设需要依托人力、物力、财力等多重保障，其中人力资源是保障乡村治理体系建设顺利实施的重要条件。伴随改革开放以来我国城镇化的飞速发展，大量的乡村劳动力资源涌入城镇，中国近 2.9 亿农民工成为城镇建设发展的重要人力输入，相应地，乡村大规模务工人员的输出导致了广大乡村的空心化现象严重。随着城镇化的发展，农村社会结构出现了深层次的裂变和发展，农村“空心化”正成为传统农业省份农村的“新常态”。大量劳动力资源外流和人口数量减少严重阻碍了农村社会的发展。许多农村的青壮年劳动力缺失，年轻人普遍外出务工，整个村庄的劳动力老龄化问题突出。农村农业生产的劳动力主要为留守家中的老人、妇女和残障人士，这些农村劳动力文化程度普遍较低、劳动技能较弱，人力资源质量令人担忧。在乡村振兴战略背景下，部分农村地区已经出现了返乡潮，但返乡人员的知识能力水平和劳动实践技能尚不能为乡村振兴提供强有力的人力资源保障。

（三）完善乡村自治措施

我们要深刻认识到乡村自治是健全乡村治理体系的核心内容，要在基层治理领域切实践行乡村自治，并不断完善自治体制机制。第一，建设“三治合一”的乡村治理体系，需要从村民利益出发，将村庄发展与村民利益有机统一，运用有效的制度推动社会治理和服务重心向基层转移。第二，以党的领导为核心，以村民自治和民主监督为依托，贯彻落实乡村共建、共享、共治的要求，完善乡村治理体系。第三，政府应加强政策支持，通过完善的激励措施培育和壮大村民集体经济组织，通过紧密的经济利益关系增强村民的凝聚力，通过合理的制度规范强化村委会服务性功能。

以党的领导统揽全局，充分发挥基层党组织的核心作用，创新村民自治有效形式，推动社会治理和服务重心向基层下移，要明确乡镇政府、村党支部、村委会的权力界定。一方面，应强调完善村民代表大会制度，健全民主选举、协商、决策、管理和监督机制。另一方面，完善村民自治组织职能，完善村民组织管理制度，保障村民参与村民自治的权利，充分发挥村民自治组织在村级事务、公益服务、治安管理、纠纷调解、互助养老等方面的作用。

落实村民自治制度，与时俱进、因地制宜地开展村民自治工作，许多地方在乡村自治的实践中取得了良好的效果。首先，近年来，很多农村基层在“四议两公开”工作法基本原理的指导下，逐步推广以村“两委”提议、村民议事会评议、村务监督委员会监督为主要内容的“两议一监督”议事协商机制，规范村民议事程序。其次，充分利用互联网的先进手段和形式开展多样化交流，例如，以网络、电话、会议、QQ 群、微信群、乡村微信公众号等方式开展民主协商，完善村民议事协商工作程序。再次，推行“党务、政务、财务”等村级事务公开制度，并保证公开的经常化、制度化和规范化。“由乡镇指导，按照‘应公开、尽公开’要求，拓展细化公开内容，及时公开组织建设、公共服务、脱贫攻坚、工程项目等重大事项。”① 全面建立健全村务监督委员会，推广村级事务“阳光公开”的监管平台，推进村级事务即时公开，积极推进村务公开信息化建设。最后，完善村务档案管理制度，加强村务档案的归档、保管和使用管理，加强村务宣传监督检查，探索实施村务档案电子管理，逐步实现村务办公无纸化。

吸纳乡村精英助力乡村建设，为乡村治理奠定人才基础。鉴于部分欠发达地区人力资源匮乏的事实，应拓展思路，打破人力资源的时空限制，广泛吸纳外来人员参与到本地区的乡村建设中，以提高乡村建设能力。此外，依靠本地区乡贤和基层政府的主要力量进行乡村治理体系建设，乡贤参与是弘扬秉承志愿精神，基层政府参与是一种职责。当代乡贤既可以是民间权威，也可以是地方精英，依靠乡贤丰富的知识、能力和广泛的社会人际关系促进乡村发展，助力乡村振兴。政府部门可鼓励、支持基层政府和村民委员会合作建设乡村治理体系，合理发挥基层政府的服务主体作用，促进乡村治理体系建设。

二、以法治为保障，实现乡村治理有序

自党的十五大以来，我国明确了全面推进依法治国总目标是建设中国特色社会主义法治体系、建设社会主义法治国家。依法治国的步伐从未停止，党的十八大对全面依法治国作出了重大战略部署，把依法治国提升到治国基本方略的高度，开创了中国依法治国的新局面。党的十九大继往开来，指出新时期坚持和发展中国特色社会主义，全面推进依法治国的总目标是建设中国特色社会主义法治体系和法治国家，要坚持全面依法治国基本方略，继续深化依法治国实践。党的二十大报告强调“在法治轨道上全面建设社会主义现代化国家”②，既凸显了法治建设事关根本的战略地位，又明确了法治建设服务保障党和国家工作大局的战略任务。为落实这一要求，要坚持以习近平新时代中国特色社会主义思想为指导，深入贯彻习近平法治思想，坚持党的领导、人民当家作主、依法治国有机统一，更好地发挥法治固根本、稳预期、利长远的保障作用，为全面建设社会主义现代化国家保驾护航。追溯过往，我国的法治建设有其历史特殊性，法治建设同经济建设相似，采取自上而下的方式不断推进，这一过程具有政府主导性和权威驱动性，同时也使中国法治建设的开展过于宽泛，在具体实施过程中也容易忽视法治的民间

① 网易．庆阳乡村治理怎么干？实施方案来了！[EB/OL].(2020-03-07)[2023-12-26].https://www.163.com/dy/article/F74T7C0B0514CRTF.html.

② 马怀德．在法治轨道上全面建设社会主义现代化国家[J].社会科学文摘，2023(1)：14-16.

力量和社会基础，而对法治的实际进程缺乏细节关注。这一问题在我国相对落后的地区的法治建设中表现得更为突出。

（一）乡村法治是保障底线

农村基层是全面推进依法治国的重要场域，乡村社会的基层法治建设是乡村治理的保障底线，尤其是欠发达地区必须大力推进和完善法治思想和法治化方式在乡村治理体系中的影响和运用，通过加强乡村地区法治建设来助推依法治国目标的实现。乡村法治建设是中国特色社会主义法治建设的基础，在当前推进社会法治化建设的过程中，乡村法治建设对于确保乡村治理规范和改善乡村法治环境具有重要意义。目前乡村治理中存在的基层民主建设滞后、民主制度不完善等问题都是乡村法治化水平偏低造成的不良后果，乡村法治水平的提升有助于解决这些问题，如果农民的利益受到或可能受到损伤或侵害，那么通过法律渠道可以维护农民权益或起到预判和预防的功效。乡村治理法治化是全面建成小康社会的核心衡量指标和必然要求。

在推进乡村法治建设方面，我国乡村也进行了大量的实践。一是从加强权力监督和普法教育入手，将政府涉农事项纳入法治化轨道。二是在农业农村基层法制法规形成方面，指导基层组织依法制定合理的制度和规范，为农业农村事务管理和发展进步提供基本依据。三是在农业农村基层执法层面，深入推进综合执法改革，规范执法程序，提高执法人员素质。四是增强农民群众的法治意识和法治思维，倡导农民养成依法办事、议事、管理的良好习惯。此外，在乡村法治体系建设中我国也比较重视农村法治环境和安全氛围的营造。农村公共安全体系、农村社会治安防控体系的健全完善，乡村综治中心的建设和规范化，农村地区生产生活等领域的安全管理责任的强化，等等，都为平安乡村建设发挥了作用。具体实施措施主要包括：首先，借助新型网络平台，建设信息管理系统数据，坚决打击和防范农村非法宗教活动、邪教活动和境外非政府组织渗透活动，防止违法邪教活动危害农村社会。其次，持续深化扫黑除恶专项斗争，依法打击整治毒品违法犯罪活动，构建乡村安全稳定的社会治安环境。再次，建立乡村多元化纠纷化解机制，形成多部门联动的农村矛盾、纠纷排查化解机制，及时调解和化解乡村不同利益主体之间矛盾纠纷，防止造成严重的不良后果，做到“小事不出村、大事不出乡”。最后，积极开展与理论学者和相关专家的沟通交流，跟进农村社会热点问题，及时答疑解惑，化解社会危机，疏导村民心理。

乡村法治建设对基层权力监督和配套措施也比较重视。一是加大了对基层小微权力腐败的惩治力度，以乡镇为单位编制乡镇政府权力清单、村级小微权力清单、议事协商事项目录清单和村务公开目录清单，向全体村民公布乡政府的基层权力，让权力在阳光下运行。二是建立纪检监察监督、群众监督、村务委员会监督、上级职能部门监督、媒体监督相结合的监督体系，织密农村基层权力运行“廉政防护网”。三是推进农村巡察工作，持续纠正侵害群众利益的不正之风，坚决查处小微腐败行为。四是通过网络化、信息化服务平台，完善省、市、县、乡的公共法律服务体系，鼓励创新基层公共法律服务模式，将法务工作真正扎根乡村地区，健全乡村基本公共法律服务体系。五是加强农村法律援助，建立律师联系乡村和贫困户的制度，开通困难人员法律援助绿色通道，同时完善政府购买服务机制，扩大涉农法律援助和公证服务覆盖面，加强涉农司法鉴定工作，持续推进城乡基本公共法律服务均等化。

（二）乡村法治的现实困境

乡村治理体系能否平稳运行取决于乡村治理法治化进展水平的高低。目前，虽然我国乡村治理基本做到有法可依，但还存在着农民法治意识相对淡薄，农民缺乏规则意识、契约意识和诉讼意识，社会力量参与程度低，农村法治宣传不够等问题。“遇事找关系、办事讲人情、信官不信法、信权不信法”的现象还比较突出。由于长期受到传统行政化管理方式的束缚和影响，乡村治理具有治理目标复杂、治理任务艰巨、治理形势紧迫的特点，使得法治在乡村地区的实现更加困难。此外，乡村社会是典型的“人情社会”，乡村法治化与乡村人情社会的现状存在冲突，容易导致新的治理难题。随着国家依法治国理念的不断深入，当前的农村法治建设已初步发展，村民的民主意识和法治思想已经开始萌芽。为满足村民对美好生活的需求，为营造民主、法治、和谐、稳定的美丽乡村环境，乡村法治建设工作还应继续深化。与此同时，人们也应清晰认识我国乡村法治建设发展所处的历史阶段和基本事实，特别是农村法治不充分不平衡的发展对乡村法治建设的制约作用，厘清新时代建设乡村法治秩序的现实困境，并为推进乡村法治建设工作进行研究。近年来，农村法治建设取得了较为显著的成果，乡村社会的各类问题在完善的法律体系范畴中得以规范，但农村依然是法治建设相对薄弱的区域，法治建设仍落后于经济发展速度。因此，部分欠发达地区的农村法治建设整体状况不容乐观。新时代，人们应认清现实，着眼未来。

目前，乡村地区农民的法治信仰较为薄弱。随着法治教育工作的推进，我国大多数农民的法治观念在不断增强，他们能够掌握一部分法律知识并在日常生活中借助法律武器维护个人权益。但是，村民的行为更多的是建立在私人关系基础上的利益网络，虽然有一些村民在与权势方发生冲突时，会借助法律关系，将其作为压制他人的铁砧，但更多时候，他们会选择除法律诉讼以外的其他方式来实现个人的利益诉求。在乡土社会中，"人情"的权力作用会使法律的权威性受到质疑，尤其当一些村民对法律制度的公正性和有效性存在质疑的时候，他们更愿意寻求"人情"权力的帮助。从整体上看，我国农村法治建设还处于低级阶段，农村地区存在着不同程度的行政司法干预现象，司法不公和司法腐败时有发生。例如，有一些村干部和基层领导利用他们的权力来瓦解和压制法律，导致基层法务工作畸形发展，使村民对法律形成错误认识和负面评价。由此可知，基层司法的制度缺陷与弊端削弱了村民的法治信仰，致使村民对法治产生怀疑。

在延续了数千年乡土文化的背景下，"熟人逻辑"对中国农民的行为选择与经济决策有着重要而深远的影响。长期以来，区别于城市的快速发展，中国乡村的发展相对落后。一方面，城乡法治建设和发展存在明显的差异，农村法治建设是我国整体法治建设的短板；另一方面，由于农村地区经济发展相对落后、政治制度有待完善、现代法律文化难以在农村扎根等原因，导致了农村法治建设工作重形式轻实际，工作成效不显著。面对乡村封闭落后且缺乏生产资料、劳动资源和公共救济，村民要维持自己的生产生活离不开乡里乡亲的帮助。人际关系在村民的生存结构中占据重要位置，良好的人际关系能够为村民之间提供更好的人力甚至物力帮助。因此，乡村内便逐渐形成了以维护人际交往为主的环境。此外，乡村社会的发展相对滞后于城镇地区，不完善的乡村法治体系很难有效应对乡村社会面临的复杂性问题，加之基层司法机构和从业人员数量不足，所以司法审判的公信力遭遇部分村民的质疑，村民对司法本身的信任度和依赖度降低，甚至出现怀疑和抵触情绪。

（三）促进乡村法治化建设

在乡村社会结构深刻变化的同时，由于体制转型、利益格局调整、思想观念更新转变，农村社会的各类社会矛盾纠纷不断显现出来，在一定程度上影响了农业经济发展。在城乡一体化发展进程中出现的新情况、新问题已超出了非正式制度的约束范围，农村社会的各类问题必须在强有力的法律和政策的帮助下推进解决，确保农村社会秩序的健康、良性运行和农村经济的发展稳定，从而调节和规范社会行为。乡村治理需要将具有强制力的法律和具有柔性约束力的道德结合起来，两者相辅相成地发挥法律的规范作用和道德的教化作用。法治作为乡村治理体系建设的保障底线，要求任何建设方案都要依法建设，新时代“三治合一”乡村治理体系建设绝对不能忽视法治作用。

1. 增强农民法治意识

一方面，农民法治意识的提升是乡村法治建设的思想基础。经过多年的法治体系建设和法治思想宣传，我国农民的法治意识有了很大程度地提高。然而，由于农村居民教育文化水平普遍较低，而且基层实践中“法治”和“人情”的关系较模糊，以及在农村法律执行中存在的不公平现象，导致“权钱凌驾于法律”的认识在农民群体中产生了很大的负面影响，农民法治意识不健全、不完善的状况依然存在。为了增强农民法治意识，我们应着重创新宣传教育方式，加大普法宣传教育力度，切实将法律实践与农民利益诉求相统一，激发农民权利意识。比如，结合乡土人情社会的特殊性，利用乡土精英在村民中的威信力和话语优势，通过宣传推广对普通村民进行中等法律教育，逐步形成地方法制治理氛围。此外，借助乡村特殊的人际交往和邻里交流形式，以一种生活化的、便于接受的方式将法治理念、权利意识、规则程序传递给村民，潜移默化地增强村民的整体法治意识。

另一方面，树立乡村法治权威是乡村法治建设的效力体现。法律的权威性应是村民法治信仰中的核心内容，但乡土社会人际关系的复杂性和特殊性使得乡土法治难以立威，导致村民缺乏法治信仰，乡村法治建设举步维艰。长期以来，农村法治体系缺乏完善的监督和监管，导致执法不公和司法腐败现象在农村较为普遍，使得农民对法治的直观情感和理性认知存在偏差；基层执法和司法部门行为不端也影响着农民对法律效力的看法，导致农村地区法律法治的公信力大打折扣。目前，我国的基本司法制度改革在制度设置、人员管理、司法责任等方面取得了较大的成就，但所有的外部变化都需要以主体的需要为基础，以真正形成农民对法治的内在需求。因此，基层司法改革和农村法律实践要成为树立乡村法治权威的主要环节，需要从根本上摒弃特权理念、消除特权现象，严格按照司法程序公正处理“关系案件”和“人情案件”，以确保法律在乡土社会的公正性，从村民主体视角出发引导村民法治需求的积极发展，只有这样，基础司法改革才有最坚实的基础，地方社会才能迎来真正的法律秩序时代。

2. 优化法律服务方式

农村法治建设要以传统的乡土规范为土壤，充分认识到作为农村人口行为准则和处事逻辑的乡土规范的重要地位，汲取和理解乡村场域中人与人之间相互交往和生存的智慧。这种长期存在于农村社会中的乡土规范深刻影响着农村法治建设的发展趋势和走向。在乡村发展的漫长进程中，由于经济快速发展的冲击作用以及乡土传统文化与现代法治思想不甚一致，导致乡土规范没有被充分挖掘和合理利用，对农村法治建设的作用比较小。因此，进一步融合现代法治思想，重构乡土规范并以此推进农村法治建设是乡村治理的必然选择。法治是现代社会治国理政的基本方式，着眼于我国区域发展的具体状况，在把传统文化观念融入基层治理的同时也要增强村民的现代法治文化思想和规范意识，不断培育和提高村民的法治素养。

法律服务方式的转变和优化也是农村法治建设的重要方面。现代农村法治要渗透到乡土社会和熟人社会，必须立足农民的现实状况，优化法律服务方式，打破农民权益保护的壁垒。在很长一段时期，法律服务游离于农村社会发展，具有一定的被动性特征，导致农民的法律服务脱离实际需求，满意度较低。因此，优化农村法律服务方式也能促进农村法治建设。一是法律机构方面，基层法院应该将法官派驻乡村，与当地村民委员会“合署办公”。二是法律服务人员方面，要将法律服务人员纳入乡村体系内部，积极参与当地的法律宣传和法律教育，提供法律咨询服务、调解服务以及立案服务等。三是法律服务理念方面，要变被动服务为主动服务，突出服务功能，通过法律服务全面推进农村法治建设。

三、以德治为引领，实现乡村治理有魂

乡村德治就是通过道德力量引领和感召人民群众，提高其道德素质，丰富其精神世界，进而规范人民群众的行为，配合自治和法治，促进乡村治理有效。长期以来，德治一直是孔子和孟子大力提倡的政治主张，历代封建帝王甚至把“以德为主，以刑为轴”作为教化人民的基本原则，并在中国传统文化中得到了两千多年的大力弘扬和继承。改革开放以来，虽然中国经济社会发展势头迅猛，各项事业成就斐然，但同时也带来了多元文化冲击，拜金主义、享乐主义、西方个人主义等错误思想和颓废思想的势头开始在我国出现，国内部分群众价值迷失、道德沦丧、信仰缺失等文化不自信的表现突出，因此，在全面建成小康社会、决胜脱贫攻坚的今天，要实现乡村振兴和促进乡村文明建设，必须更加重视德治的积极作用和重要价值。

（一）乡村德治是道德秉持

我国传统的乡村治理模式具有明显的自治和德治特征。政府与乡村的联系以基层组织为平台，通过选举负责人来实现。由于继承了传统的乡村内部自治理念，村规民约和具有自主权的村民的道德素养就显得尤为重要。但是，由于历史原因

和在乡村快速发展进程中对文化文明建设缺乏重视，导致了乡村道德文化资源呈现断裂或碎片化状态，难以促进乡村自治的良好发展，制约了乡村治理水平的提升。

乡村秩序的良性运行和乡村生活的正常开展依托一定的规范准则。这一规范准则分为两种：一种是正式制度规范，如法律法规、规章等形式；另一种是非正式制度规范，如道德规范、伦理价值、习俗、文化信仰等在社会交往中形成的、被大众普遍接受的、约定俗成的非正式规范。这两种规范是推进社会治理良性发展的两个重要层面，对应了乡村治理体系建设中的法治与德治。

我国发展历史悠久，传统文化底蕴深厚，乡村地区长期的自治模式孕育和衍生出了丰富的道德规范和行为准则，即乡村非正式制度规范，为乡村德治夯实了基础。因此，我们要充分认识到对传统乡村文化资源和道德规范进行挖掘和利用的重要性，并将文化建设和以德治理广泛纳入乡村治理体系中，建立村民自觉遵守的行为规则体系。法治与德治相辅相成，法治为硬，德治为软，在维护乡村秩序方面，不仅需要具有强制性作用的法治来保障，还需要社会成员自觉遵守和实践公共秩序，即德治。中华优秀传统文化传承下的“道德权威”对于维持乡村生活秩序发挥着重要作用。

随着社会的不断发展，城镇化的农村越来越多。据国家统计局数据，2023 年，我国总体城镇化率达到 66.16%。传统农村也主要集中分布于欠发达地区。一方面，德治是传统农村社会维护乡村秩序的最重要方式，虽然城镇化发展使农村人口流动加速，传统农村的人文景貌发生改变，但“熟人”社会的人情世故依然保留在传统农村的生活现状中，人与人之间的关系纽带以德治为基础，强调血缘和地缘关系，具有相对冷漠的业缘关系，德治影响相对广泛。另一方面，德治是乡村治理的基础，凝聚着乡村治理的强大精神力量。农村是一个充满人情的熟人社会，人情与道德、习俗息息相关。善加利用这种乡土人情可以形成与法治相辅相成的德治。事实上，德治在中国古代基层治理中具有丰富的参考价值，所谓“无讼”就是依靠当地社会秩序的礼仪规则为人们形成规范。

乡村德治建设与自治、法治同等重要，是提高乡村现代化治理水平的根本要求。德治建设之于自治具有增效的功能，德治建设之于法治具有补充的功能。虽然德治建设的是一种非标准化的软环境，但其对群众精神世界的影响、对农村的道德文化氛围的塑造、对乡村治理效率的提升作用巨大、不容小觑。

1. 德治营造乡村良好道德氛围

治理有效对乡村振兴的主要贡献包括营造良好的农村道德氛围，并进一步把农民改造成社会主义新时代的新农民。改革开放后，相当一部分的农村道德文化水平并没有与农村经济发展和农民收入提升同步前进。在经济社会转型的过程中，部分农村社会长期赖以维系的传统道德价值体系受到市场化、工业化和城市化的巨大冲击，受到外部环境和外部因素的巨大影响，呈现出碎片化、薄弱化、模糊化的特征。金钱至上、权力至上、享乐主义等极端思想充斥于农业社会，而新的、符合时代要求的道德体系还没有完全建立起来，以至于造成了严重的道德危机，也成为制约农村经济社会进一步提升振兴的瓶颈所在。农村道德规范约束力下降和文化受重视程度下降也使政府难以团结农民，使国家相关政策在农村难以落实。因此，农村德治具有不可忽视的历史使命，加强农村德治不仅能有效地提高农民的道德素质，重构农村道德体系，还能维护正常的社会秩序，促进农村社会的稳定，进一步提高农民的生活质量。

将提升乡村德治水平与践行社会主义核心价值观紧密结合，通过深化社会主义核心价值观来推进乡村德治建设。首先，运用综合文化服务中心、农家书屋等宣传教育阵地，利用乡镇集市贸易日、传统节日、假日和农闲时间，采取现场宣讲、文艺表演、远程教育、媒体传播等方式，广泛宣传社会主义核心价值观。借助道德讲堂平台，让先进典型的道德人物现身说法，引导群众讲道德、守孝道、做好人。其次，持续推进移风易俗行动，整治婚丧喜庆大操大办、厚葬薄养和封建迷信等不良习俗。加强农村公墓规划和建设，推进殡葬管理和改革。把爱党爱国、守法诚信、热心公益、履行义务、勤劳致富、弘扬孝道、尊老爱幼、扶残助残、婚事新办、丧事简办、和谐敦睦等内容纳入村规民约，健全村规民约监督和奖惩机制，强化舆论监督和道德约束。最后，建立留守人员关爱机制，开展志愿服务，帮助其解决实际困难，加强人文关怀，及时化解情感纠纷。同时，大力培育文明乡风，以群众性精神文明创建活动为抓手，着力加强农村思想道德建设，组织开展全市道德模范、文明家庭、新时代好少年等典型人物选树和文明村镇、文明社区评选表彰活动，督促和指导县区继续开展五星级文明户评选活动。

2. 德治增效乡村自治

乡村德治作为“三治合一”的重要组成部分，在乡土社会的特殊场域中，对乡村自治这种民主基层治理具有提质增效的作用，是乡村自治的有效条件之一。一方面，中国乡村自治以村民自治为特征，由于村民选举产生的村委会基层组织没有强大的政治权力，自然无法在乡村地区强有力地应对基层事务和推行政策制度，因此，“能人治理”仍然是我国村民自治的主要模式。能人治理对村干部道德素养、群众基础、号召能力及治理能力具有比较高的要求，其中道德素养是干部任用的首要条件和底线要求，能人作用发挥的大小取决于能人道德水平的高低。村干部的道德水平高，能够为了村民的利益而放弃自己的私利，群众基础就会牢靠，号召力就会强，对乡村治理的推进就会很顺利；反之，村干部道德水平低，在乡村特殊的自治环境下，容易产生欺压群众、为所欲为、侵害公共资源等后果，导致乡村自治水平恶化，引发各种社会矛盾和冲突。因此，乡村自治的属性决定了德治在乡村治理中的重要性。另一方面，乡村德治对乡村自治的提质增效还体现在普通村民的自治层面。村民自治包括自我规范、自我约束和自我管理，如果乡村居民普遍具有较高的道德文化水平，遵守道德规范和乡土规则，那么乡村治理就可以更有效地推进，德治的重要性进一步体现。此外，德治可以起到舆论监督和降低治理成本的作用。一方面监督村民自治工作的有效开展，另一方面通过德治力量有效缓解各类民事纠纷，减轻政府治理负担，维护村民自治权利。

3. 德治弥补乡村法治

如果说乡村法治是建立在正式制度的框架下，具有明确的法律条文并依靠国家的强制力来保证实施，那么德治就是建立在非正式制度框架下的约定俗成的行为逻辑和准则。非正式制度以传统伦理文化为基础，以风俗习惯等表现形式为基础，以舆论等非强制性手段为保障，对维护社会秩序的正常运行起着重要作用。乡村德治和乡村法治的关系主要体现在德治可以对法治进行很好的补充，因为以法治为代表的正式制度反映了道德的底线要求，触犯法律即触犯了道德底线，会有法律明文规定的处罚和惩戒。但是，农村社会乃至整个社会经济的运行不能以道德底线为约束标准，在法律边缘的社会发展极具脆弱性，这就要求人们要以更高的道德标准来影响大多数甚至全部的主体行为，将社会治理放在一个更高的水平上。因此，在乡村治理中通过德治弥补法治的不足之处是必然的选择。中国乡村的非正式制度是农民在几千年的社会实践中不断运行产生的社会规则，为广大农民所普遍认同和接受。而乡村法治存在统一性和整体性，不能很好地兼顾乡村特色文化和特殊民情，因此，要重视德治在乡村治理中的作用，既要重视国家法律的权威性，也要注重民间规则，以德治引领农村文化建设，发挥其对农民行为规范的重要引导作用。同时，乡村法治的不健全也影响了乡村治理法治化的效果，此时更需要德治发挥价值导向作用。

（二）乡村德治的现实困境

当今社会，加速发展的生产生活场域正在突破具有周期性、节律性、周而复始的“循环社会”的运转程序，逐渐迈入充满不确定性、缺乏可预测性、状况多变的“主权社会”，乡村赖以维系的道德规范、人际往来、亲情关系不断受到经济利益的冲击，利益逐渐成为驱动村民交往的一大诱因。一味的利益导向势必带来村民关系的寡淡漠然和乡村传统文化走向式微，带来农村经济社会发展中的各类摩擦与纠纷，进一步影响农村经济社会健康发展，阻挠新时代农村治理有序发展。

在传统的乡村社会中，人口流动性较小。虽然个人与邻里之间会有冲突和矛盾，但社会秩序基本维持在较好的稳定状态，没有当前社会的多变性。传统价值体系在维护社会秩序方面发挥着重要作用，使整个乡村社会保持了有序状态。在当前的乡村社会中，随着城市化发展的不断推进，人口流动在数量、规模和距离上都是前所未有的，熟人社会正在逐步发生变化，维护农村社会“有序”的传统价值观受到冲击。

千百年来，维系父母与子女之间、夫妻之间、邻里之间关系的价值观被彻底打破，由此产生的不和谐慢慢渗透到每个家庭。这种情况严重影响了乡村社会秩序的稳定性，延缓了乡村治理的进程。一方面，利益导向的价值观影响了农村生活秩序，传统的农村生活秩序强调诚实、守信、节俭、宽容与谦虚等优良品质。然而，随着市场经济的发展，利益至上的价值观念在农村迅速传播，并得到农民认同。利己主义思想在乡村社会不断蔓延，深刻影响了农民的社会行为和价值标准。另一方面，乡村存在精神秩序的碎片化。传统的价值体系在一定程度上可以约束农民的行为，但随着城市化的发展，大量的农村居民移往城镇生活，新的生活环境在不知不觉中改变了他们的世界观和价值观，导致相当一部分农村社会的人摒弃原来的风俗道德。然而，由于一定的经济基础和自身内在属性的影响，他们无法形成符合自身逻辑发展的、完整一致的道德观念和价值系统，最终导致了严重的精神碎片化。在乡村社会，人们的道德标准和价值体系是混沌的和断裂的，彼此之间的道德约束作用较难维系，人与人之间的价值体系差异化不断加大，乡村社会面临的道德风险问题日益严重。

（三）巩固乡村德治基础

进入社会主义新时代，我们应不断推进乡村德治建设，弘扬农耕文明精髓，深化社会主义核心价值观，与时俱进地形成新的社会道德规范，有效整合社会意识，注重宣传道德典范，用榜样的力量带动村民进步，重塑积极向上的价值体系，营造风清气正的淳朴乡风。习近平总书记指出：“推进国家治理体系和治理能力现代化，要大力培育和弘扬社会主义核心价值体系和核心价值观，加快构建充分反映中国特色、民族特性、时代特征的价值体系。”新时代，不仅要弘扬优秀的中国传统文化，继承并创造性地转化民族传承的优秀美德，还应培养和弘扬社会主义核心价值观，发展社会主义先进乡村文化，形成适应时代要求的、与时俱进的道德规范和价值体系。通过完善道德规范体系，重建地方信任，营造乡村德治氛围，维护乡村德治秩序，充分发挥德治在乡村治理中的道德规范和约束作用；通过内化作用推动乡村德治的发展，从而丰富乡村自治的道德内涵和促进自治、法治工作的推进。应将道德规范融入农村的规章制度，让村民厘清道德规范的具体内容并将其融入个人的社会行为中；创新乡村文化，充分发挥模范带头作用，引导村民弘扬道德美；培养和弘扬当地优秀的道德传统，以创新的形式宣传推广，使优秀道德文化深入村民生活，根植于乡村社会。乡村治理应坚持以德治为基础，围绕社会主义核心价值体系，弘扬优秀传统文化，促进现代文明发展，不断深化社会基层道德规范，以德治支撑自治，促进法治。

1. 大力传承乡贤文化

结合乡贤等乡村精英的才能助力乡村振兴事业，为乡村振兴注入文化活力。我们应充分发挥古今圣贤的榜样作用。通过发掘古代先贤的优良事迹和宣传当代乡贤的先进事迹，继承和发扬他们的美德；通过古贤和今贤的对接与碰撞，形成浓厚的“见贤思齐”的村风民风，提高乡村德治水平。

2. 完善乡村文化设施

推进乡村德治建设，必须加强乡村公共文化建设，以多种形式探索乡村文化建设，如通过开展文化活动，塑造农村综合文化中心，增强文化大礼堂的活力等。要建立健全的文化礼堂管理评价机制，强化农村文化礼堂的动态监督和量化评价标准，提高乡村文化礼堂的建设、管理和使用水平。

3. 积极倡导以评树德

依托村规民约来表彰良好事迹、贬斥失德失范，推进乡村移风易俗。倡导以乡镇为单位，组建由“两代表一委员”、村居干部、“三老”人员、群众代表等组成的评议小组，广泛开展最美村居、最美庭院、五好家庭、道德模范、好婆媳、好邻居等评选活动。坚持模范带头，大力宣传村民身边看得见、摸得着、学得到的好人好事，在潜移默化中引导村民改善精神风貌，提高乡村社会文明程度。

四、建立乡村治理的长效机制

有效的乡村治理是乡村振兴的关键，建立和完善乡村治理长效机制是乡村治理工作的重要组成部分。我们应认识到乡村治理不是国家权力的纵向深化，也不是简单的乡村自治，而是乡村政治和乡村治理的有机结合。乡村治理体系包括国家权力在农村的有效运行，还包括农村社会各主体的参与和协商，它是自上而下的国家治理与自下而上的农村治理的耦合互动。党的二十大报告强调，"健全共建共治共享的社会治理制度，提升社会治理效能"①，为优化和完善社会治理体系和治理能力提供了战略牵引，亦为全面推进乡村振兴战略指明了发展方向。乡村治理作为农村和谐稳定、农业有序发展、农民安居乐业的内在要求，涉及乡村经济、文化、社会、生态等多种要素，在新农村建设、乡村振兴及和美乡村建设进程中发挥着催化剂作用，成为扎实推进农村生态宜居、农业经营增效、农民生活富裕的关键举措和重要方式。在满足农民日益增长的美好生活需要的基本判断指引下，党的十九大对新时代农村建设提出了"产业兴旺、生态宜居、乡风文明、治理有效、生活富裕"的总要求，指出要加强农村基层基础工作，完善自治、法治、德治相结合的农村综合治理体系。

坚持自治为本、德法结合，将自治、法治、德治的原则和技术有机嵌入治理实践中，不断完善自治、法治、德治相结合的基层治理机制，加快乡村治理体系建设工作。首先，乡村自治是乡村治理的基础，是乡村治理的主要途径和关键手段，要不断完善村民自治制度，推进基层民主政治建设；其次，乡村法治是乡村治理的保障与稳定器，要不断完善涉农法律制度，公正基层执法、司法，转变法律服务方式，创新法治宣传和教育方式，强化村民法治实践；最后，还需以德治为软性纽带，培养村民的个人美德与乡村公德，开展社会主义核心价值观教育，发挥德治润物无声之作用。在基层党组织的领导下，应该充分发挥乡村治理所有主体的积极性，整合乡村各方资源，积极实践治理工作，最终建立和完善以自治、法治、德治为核心的乡村治理机制，充分将自治、法治和德治在乡村治理中的作用有机结合，达到"三治合一"的理想状态，从而形成良好的乡村治理格局，推进乡村治理的长效机制。

推进"三治合一"乡村治理体系建设，需要正视中国农村存在的差异化，坚持自治原则，有效利用法治和德治促进乡村治理体系建设，对发达地区和欠发达地区的农村采取因地制宜的治理措施。"仓廪实而知礼节，衣食足而知荣辱"尽管我们已经成功脱贫，但防止反贫的任务仍然艰巨。在欠发达的农村地区，应根据地方自治条件、德治基础和法治保障等实际情况因地制宜地选择最适合的治理

① 鲁可荣．共同富裕视域下完善共建共治共享的社会治理制度路径研究：以长三角先发地区为例[J]．社会科学辑刊，2022（6）：8．

组合、治理体系和治理类型，应从以下三个方面促进欠发达的农村地区“三治合一”乡村治理体系构建。

（一）强化法治建设

法治作为乡村治理体系建设的保障底线，要求任何建设方案都要依法建设，新时代“三治合一”乡村治理体系建设绝对不能忽视法治作用。具体而言，第一，国家法律必须及时有效地保障村民自治，明确村民自治的法律界限。第二，完善农业和农村的法规体系，完善农村产权保护制度，加强农业市场规范运作。将各种与农业有关的工作纳入法治范畴，确保农村地区的改革和发展。第三，开展广泛的法律教育，提高村民的法律意识，增强村民维护自身合法权益的能力。第四，加快建立和完善农村土地承包经营纠纷调处机制，加强对农民的法律援助和司法救助，引导农民依法行使权利、表达诉求、解决纠纷。第五，统筹各种法治力量营造农村社会法治氛围。

（二）完善村民自治

建设“三治合一”的乡村治理体系，需要从村民利益出发，将村庄发展与村民利益有机统一，运用有效的制度安排推动社会治理和服务重心向基层转移。第一，以党的领导为核心，以村民自治和民主监督为依托，贯彻落实乡村共建、共享、共治的要求，完善乡村治理体系。第二，政府应加强政策支持，通过完善的激励措施培育和壮大村民集体经济组织、通过紧密的经济利益关系增强村民的凝聚力、通过合理的制度规范强化村委会服务性功能，将村民自治嵌入具体实践，发挥村民主体性作用，切实落实村民自我管理、自我教育、自我服务的基本要求，落实村民的民主权利，使其能够在法治框架下依法办好自己的事务。

（三）增强建设能力

首先，鉴于欠发达农村地区人力资源匮乏的事实，我们应拓展思路，打破人力资源的时空限制，广泛吸纳外来人员参与到本地区乡村建设中，提高乡村建设能力。其次，依靠本地区乡贤和基层政府的主要力量参与乡村治理体系建设，乡贤参与是弘扬志愿精神，基层政府参与是一种职责。当代乡贤既可以是民间权威，也可以是地方精英，依靠乡贤丰富的知识、能力和广泛的社会人际关系促进乡村发展，助力乡村振兴。政府部门可鼓励支持基层政府和村民委员会合作建设乡村治理体系，合理发挥基层政府的服务主体作用，促进乡村治理体系建设。再次，乡村治理要逐步形成农民广泛参与，村级组织积极带动，基层政府大力引导，社会各界有效监督的多元化良性互动局面，努力形成农民、村级组织、政府和社会共建、共治、共管的长效机制，为发展农村事业，建设美丽乡村发挥有效作用。最后，乡村治理是实施乡村振兴战略的重要内容，应深刻认识乡村治理的紧迫性和重要性，加强和改进乡村治理，建立健全的现代乡村社会治理体制，推动乡村社会走向良善治理的轨道。

第四章　数字经济服务乡村振兴发展及路径研究

本章为数字经济服务乡村振兴发展及路径研究，主要介绍了三个方面的内容，依次是数字经济服务乡村振兴的内在机理、数字经济服务乡村振兴的困境检视、数字经济服务乡村振兴的实现路径。

第一节　数字经济服务乡村振兴的内在机理

乡村振兴是一场伟大的国家工程[①]，而数字经济作为国民经济的“加速器”，正逐步显示出其服务乡村振兴的独特优势。

一、拓展中国式现代化进程的价值逻辑

之所以认为数字经济服务乡村振兴是中国式现代化的价值逻辑之拓展，是因为中国式现代化要推进，那么，发挥数字经济服务乡村振兴的功能就是实现乡村振兴关键的一环。如果缺乏数字经济的助力，那么乡村要实现跨越式发展以协同城市化的发展就很可能是镜花水月。我国已全面开启社会主义现代化建设新征程，以数字经济推进农业农村现代化，走中国式现代化道路既是实现第二个百年奋斗目标的根本，也彰显了现代化的“中国特色”[②]。数字经济服务乡村振兴，这是一条独特的农业农村现代化道路，因为这条道路是以往经济体没有经历过的，同时，这也是一条具有中国特色的农业农村现代化道路，因为这条道路也是其他经济体没有遇到过的，这样一条独特的农业农村现代化道路、具有中国特色的农业农村现代化道路，可以称之为数字经济服务乡村振兴的中国式现代化。西方发达国家的乡村振兴是以高水平的城镇化促进农业农村的现代化，其实质是一个“串联式”

① 李华胤．习近平关于乡愁重要论述的核心要义与现实价值[J]．中国农村观察，2022（3）：2–18．

② 刘守英，范欣，刘瑞明．中国式现代化[M]．北京：中国人民大学出版社，2022．

过程[1]，而中国式现代化进程中的乡村振兴则是一个“并联式”过程。

二、驱动数字经济，实现乡村全面振兴

党的二十大报告指出：“全面建设社会主义现代化国家，最艰巨最繁重的任务仍然在农村”[2]，数字经济是我国现代经济发展的新动能，在驱动乡村全面振兴方面理当发挥重要推动作用。基于数字技术对农业农村高质量发展的渗透与融合，数字经济为乡村振兴带来新的发展机遇，如以互联网为基础的新兴产业，通过信息技术引领乡村振兴走向新时代，提高了农业农村生产与生活的智能化水平和高效率运行，在优化农业生产资源、促进农村经济结构调整、催生新经济形态等方面的作用得以凸显。有学者以我国 2011 年至 2018 年 30 个省份面板数据为基础，通过运用中介效应模型、面板双固定效应模型等，多角度验证了数字经济在驱动乡村振兴过程中具有显著作用[3]。随着数字乡村建设持续推进，特别是以促进乡村数字基础设施建设为抓手，在数字乡村治理和产业数字化等方面持续发力，这不仅有助于巩固和展现数字经济服务乡村振兴的优势，也有助于乡村振兴的稳妥推进。

第一，在数字经济的新纪元中，资本和技术无疑是推动社会进步的重要力量，但数据的作用更不容忽视。数据作为数字经济生产的核心要素，其价值和影响力日益凸显。它不仅为企业提供了精准的市场分析和用户画像，更为决策者提供了科学的依据。同时，数据作为数字经济的本质特征，深刻影响着企业的商业模式和产业链的重构。其最大优势在于，通过挖掘和利用数据能够极大地促进市场价值的创造和经济的持续发展。从智能推荐到风险评估，从精准营销到智慧城市，数据的力量正在不断释放，引领着数字经济向更高层次、更广领域迈进。

第二，数字经济的创新性、渗透性和覆盖性，无疑为市场主体开辟了全新的价值共享之路。在数字浪潮的推动下，平台经济和数字化平台企业如雨后春笋般崛起，它们不仅改变了传统商业模式，还成为推动乡村产业振兴的关键力量。借助数字技术的赋能，乡村产业得以与更广阔的市场对接，从而实现资源的优化配

---

① 邢占军，杨永伟．论中国式现代化进程中的乡村振兴[J]．中国高校社会科学，2022（5）：47—56．

② 宋先锋，朱燚波．2023 年中央一号文件发布部署全面推进乡村振兴重点工作[J]．乡村科技，2023，14（4）：1．

③ 何雷华，王凤，王长明．数字经济如何驱动中国乡村振兴？[J]．经济问题探索，2022（4）：1—18．

置和价值的最大化。值得强调的是，随着数字技术的深入应用，各种产业组织正逐渐形成智能化的生态发展机制，构建起一个充满活力与创新的数字经济生态系统。这一系统以高效率和广覆盖为核心竞争力，通过数据共享、协同创新和生态共治，不断提升产业的竞争力和可持续发展能力。在数字生态竞争中，企业需要积极拥抱变革，不断提升自身的数字化能力和生态合作能力，以适应数字经济时代的新要求和新挑战，在激烈的市场竞争中脱颖而出，实现可持续发展。

第三，数字经济以数字化和信息化为其鲜明特征，这两大特征不仅重塑了经济形态，还为乡村的振兴与发展提供了前所未有的机遇。利用数字经济服务于乡村振兴，是当下及未来乡村发展的重要突破方向。随着数字乡村建设的逐步深入，农业农村经济与外部市场的连接更加紧密，适应能力得到显著提升。同时，数字技术的运用使得乡村产业能够迅速响应市场需求，实现资源的优化配置。另外，乡村的人才、文化、生态和组织等各个方面，也将摆脱传统经济基础设施的束缚，迎来超常规的发展机遇。这种发展不仅提升了乡村经济的效率，还优化了乡村经济结构，使乡村产业更加多元、高效和可持续。由此可见，数字经济为乡村振兴注入了新的活力，推动了乡村的全面进步，为构建现代化乡村奠定了坚实基础。展望未来，数字经济将继续引领乡村走向更加繁荣富强的未来。

三、嵌入数字经济，实现乡村振兴高质量发展

一方面，我国快速发展的数字经济已成为构建新发展格局和实现共同富裕的有力抓手。可以认为，数字经济服务乡村振兴是弥合城乡数字鸿沟的重要手段，并且数字经济在实现乡村高质量发展过程中也必将扮演着越来越重要的角色[①]；另一方面，高质量发展理当贯穿实现乡村全面振兴的始终，并深刻影响乡村振兴的效率。探索数字经济服务乡村振兴的有关制度是为乡村振兴的全面实现和高质量发展采取的积极举措。事实上，制度的建立是数字经济服务乡村振兴高质量发展的关键，而制度的优化须厘清数字经济服务乡村振兴的现实困境，结合政府的有效干预和制度的规范运行来扩大数字经济蕴含的积极要素。总之，数字经济服务乡村振兴的制度逻辑需兼具全局性和现代化，乡村不仅是中国社会的构成基础，还是国家政治、经济、文化、道德的根基[②]，因此，在中国式现代化进程中，既不

① 国瀚文．双碳政策视阈下数字经济绿色发展的法治保障研究[J]．法律适用，2022（9）：50–60．

② 王露璐．中国式现代化进程中的乡村振兴与伦理重建[J]．中国社会科学，2021（12）：89–109．

能忽略乡村在社会主义现代化道路中的独特角色，亦不能忽略农业、农村、农民存在的现代化问题。

第二节　数字经济服务乡村振兴的困境检视

一、数字产业升级困难，乡村产业发展薄弱

（一）乡村数字产业基础设施供给不足

目前，乡村数字产业基础设施建设的广度和深度还存在短板，与数字产业标准不相适应。中国互联网络信息中心发布的第四十九次《中国互联网络发展状况统计报告》表明，截至 2021 年底，农村地区互联网普及率为 57.6%，这与我国 73% 的互联网整体普及率仍存在差距，并在东部与中西部乡村地区间形成了较为明显的数字鸿沟①。此外，乡村数字产业基础设施欠缺必要的资金支持与人才配备，传统信息基础设施的数字转型存在障碍，城市中的新型数据要素下沉导致渠道不畅。

（二）乡村产业数字转型进展缓慢

基于乡村产业实践，我国乡村产业仍以传统产业为主，数字技术赋能产业所形成的数字产业相对较少，而且乡村产业分布空间较为零散，加之低集约化、高同质化的农地经营模式以及低学历、老龄化的乡村劳动力结构，在很大程度上阻碍了数字产业在农业农村中的应用场景和发展潜力。有学者采用熵权法对 2016 至 2020 年全国 31 个省份相关产业数据进行测算，结果显示我国东部省份（如江苏、浙江等）与西部省份（如宁夏、西藏等）在乡村数字产业发展方面呈现出明显分化的区域不均衡态势，其中，测算指数表明数字基础设施、乡村数字产业资源配置滞后仍是影响乡村产业振兴的重要原因。②

① 张蕴萍，栾菁．数字经济赋能乡村振兴：理论机制、制约因素与推进路径[J]．改革，2022(5)：79-89．

② 张鸿，董聚元，王璐．中国数字经济高质量发展：内涵、现状及对策[J]．人文杂志，2022(10)：75-86．

（三）数字产业与乡村产业衔接的范围有限且程度不充分

我国乡村产业的发展正面临着与数字产业衔接不紧密、契合度较低的挑战。尽管数字技术在乡村产业中已有一定应用，但更多局限于对乡村传统销售模式的改良，如电商平台的使用等，而在更深层次的产业管理、运营和生产环节上的融合尚显不足。数字技术在乡村产业中的应用，尤其是大数据、人工智能和区块链等前沿技术，对于提升乡村产业的效率、优化资源配置具有巨大潜力。然而，目前这些技术在乡村产业中的应用尚处于初级阶段，未能形成成熟、健全的数字管理运行模式。这不仅限制了乡村产业的创新发展，也阻碍了数字技术在乡村地区的普及和推广，而且乡村产业数据的不对称问题，还进一步加剧了数字产业与乡村产业的衔接难题。由于数据获取、处理和分析能力有限，乡村产业往往难以充分利用数字技术来优化决策、提升管理。同时，乡村地区对于数字技术的掌握程度也普遍较低，这在一定程度上限制了数字技术在乡村产业中的应用深度和广度。因此，为了推动乡村产业的数字化发展，需要加强对乡村产业数据的整合和利用，提升乡村地区对数字技术的掌握能力，并推动数字技术与乡村产业的深度融合，以实现数字产业与乡村产业的协调发展，推动乡村产业的转型升级和可持续发展。

二、数字专业人才匮乏，乡村人才缺口较大

（一）数字人才引培体系不健全

农业农村部发布的《2021 全国县域数字农业农村电子商务发展报告》数据显示，2020 年全国各类返乡创业人员达到 1010 万人，而同期全国农民工总量为 2.86 亿人。[①] 基于此，可见更大规模的数字人才反哺乡村主要还需政府的政策或制度而非市场的力量。事实上，数字经济服务乡村振兴离不开信息网络与农业、大数据、数字法治、经济学、统计学等相关知识和专业技能的创新型、复合型人才，就现阶段来看，数字人才“下乡”力度有待加强，数字人才引培体系有待完善。

（二）农民数字素养能力有待提升

在数字经济服务乡村振兴过程中，需要数字人才较好地掌握和应用数字技术。然而，当前的乡村劳动力大部分呈现出“老龄化、零散化、低技能”的特征，“谁来振兴乡村、未来如何成为技术型农民”这一问题亟待解决。据中国社会科学

① 肖顺武，董鹏斌．中国式现代化进程中数字经济服务乡村振兴的困境检视、内在机理与实现路径 [J]. 经济问题探索，2023，(5)：1—12.

院信息化研究中心2021年的分析数据，我国城乡居民数字素养差距约为37.5%，农民的数字素养得分仅为18.6分，比全体人均值（43.6分）低了57%[①]，可见，年龄因素、文化程度不高、数字技能不足是农民数字应用能力较低的主要缘由。而数字素养又是农民融入数字经济、共享数字红利的必备条件，如果仅依靠农民自主将数字技术融入农业当中，在可行性方面是值得思考的。总之，在中国式现代化的发展中，特别是对人口规模巨大的现代化发展和乡村全面振兴而言，离不开数字专业人才的技能支撑。

三、数字乡村建设缓慢，乡村文化繁荣受限

（一）乡村数字文化产业发展不足

乡村文化振兴的数字化、智能化，若没有稳定、高质量、规模化的文化内容产出，则难以形成高效持续的传播效应。当前，我国数字乡村建设处于初步阶段，缺乏乡村数字文化产业发展所需的基础设施、资金支持、人才供给。虽然在我国中西部具有历史文化特色的村镇，但由于地理区位不佳，政府、企业、村集体等各方力量参与乡村数字文化产业发展的积极性较低。此外，囿于传统教育模式和内容的影响，农民对于数字文化产业的认识可能存在空白，这些因素致使乡村数字文化产业发展的后劲和内生动力不足[②]。

（二）乡村文化数据服务明显滞后

乡村文化振兴与繁荣是乡村发展的重要组成部分，而数字技术的服务与数据资料的支撑则是推动这一进程不可或缺的力量。然而，在当前的社会背景下，基于传统农村社会“差序格局”的变动，乡村社会的异质性更加明显，这使得乡村文化的传承与发展面临着前所未有的挑战。村庄文化共同体仅靠极少数人的努力是难以维系的。在乡村社会异质性增强的背景下，传统的文化共同体正在逐渐瓦解，许多乡村文化的传承者和守护者因年龄、生活环境等多种原因，无法继续承担这一重任，导致了许多乡村文化的珍贵元素面临失传的风险，乡村文化的传承与发展面临着巨大的困境。数字技术是当今时代的重要特征，它能够为乡村文化的传承与发展提供强大的支持。然而，目前乡村地区的数字技术应用尚处于初级

---

① 李晨赫．社科院最新报告：乡村振兴亟待弥补“数字素养鸿沟”[N]．中国青年报，2021-03-16（05）.

② 王玉玲，施琪．破解乡村特色文化产业的发展困境[J]．人民论坛，2022（4）：82-84.

阶段，尚未形成有效的乡村文化数据服务体系。这使得乡村文化的记录、储存和传播都面临着较大的困难，乡村文化的价值无法得到充分的挖掘和利用。此外，戏台、寺庙、宗祠等传统公共文化服务逐渐走向衰落。这些传统公共文化服务是乡村文化的重要组成部分，是乡村社会的重要精神支柱。然而，随着时代的变迁和社会的进步，这些传统公共文化服务逐渐失去了往日的辉煌，乡村文化的传承与发展也面临着新的挑战。另外，传统的乡村文化与民俗活动缺乏行之有效的服务平台。乡村文化与民俗活动是乡村社会的重要组成部分，是乡村人民的精神寄托。然而，由于缺乏有效的服务平台，这些乡村文化与民俗活动无法得到充分的展示和推广，乡村文化的价值无法得到社会的广泛认可。

（三）乡村文化数字保护与传承不力

乡村文化自古以来便承载着深厚的历史底蕴和地域特色，具有鲜明的自发性、地域性和传承性。然而，随着现代社会的发展，乡村的封闭性逐渐被打破，农村人口流动加剧，尤其是“脱域流动”现象越发普遍，这对乡村文化的传承带来了前所未有的挑战。在传统乡村文化的技艺和民俗文化领域，许多非物质文化遗产都是经过手工制作和长期实践才得以传承下来的。然而，随着传承人的老去或流失，这些珍贵的文化技艺正面临着失传的风险，这不仅给乡村文化本身带来巨大损失，还给中华民族优秀传统文化造成不小打击。此外，我国是一个多民族国家，各地区的乡村文化各具特色，尤其在少数民族地区和文化底蕴浓厚的地区，乡村文化更是丰富多彩。然而，由于人员流动频繁和数字技术应用的薄弱，这些地区的乡村文化也面临着保护和传承的双重困境。因此，以数字化方式保护和传承乡村文化显得尤为必要和紧迫。

四、数字监管激励欠缺，乡村生态建设迟滞

（一）乡村生态环境数字监管不到位

乡村生态环境治理是一个复杂且综合的系统工程，其中涉及的乡镇政府、村集体和农民之间的信任与合作至关重要。然而，由于乡镇政府、村集体和农民之间的血缘与地缘要素差异显著，各方在数字信息监管上存在着不同的理解和态度，进而降低了彼此间的信任值。这种信任的缺失，不仅影响了数字监管的有效性，也阻碍了乡村生态环境治理的顺利推进。同时，我们也要看到，市场经济下的负外部性对数字信息监管带来了潜在的风险。在市场经济的大环境下，各方主体往

往更关注自身的经济利益，而忽视了生态环境保护的重要性。这种短视行为可能导致数字监管措施执行不力，甚至出现监管漏洞，给乡村生态环境带来严重威胁。此外，村干部在乡村生态环境治理中扮演着重要角色。然而，当前有一些村干部为了完成绩效考核任务，往往忽视了数字监管的激励性措施的重要性，导致乡村生态环境信息无法得到及时反馈。这种信息的不对称和滞后，使得乡村生态环境问题难以得到及时发现和解决，进一步加剧了生态环境恶化的程度。更为严重的是，当前乡村生环境态建设还存在数字鸿沟的隐患。由于数字技术应用的普及程度不均衡，一些地区在数据采集、处理和传输等方面存在明显短板。这不仅容易导致监管数据采集不到位、环保部门掌握数据信息不全面的问题，还会使得乡村生态环境数字监管面临着失灵失效的风险。这种数字鸿沟不仅影响了乡村生态环境治理的成效，也制约了乡村可持续发展的步伐。因此，我们需要深入剖析乡村生态环境数字监管失灵失效的根源，加强各方主体之间的沟通与协作，完善数字监管激励机制，提升数字技术应用水平，以推动乡村生态环境治理的可持续发展。

（二）乡村生态环境数字监测体系不完善

中国的乡村类型多、数量大、范围广，东、中、西部乡村生态环境现状差异较大，乡村生态环境数字监测结果是否真正代表乡村生态环境质量亦有待斟酌。值得注意的是，现行的乡村生态环境数字监测是以城市环境监测体系为依据，监测的规范、方法、实施细则不合规现象时有发生。例如，乡村空气质量在很大程度上依靠手工监测，2014 年至 2019 年乡村地表水和国家地表水考核断面存在大约 300 个断面是重复的[①]，如何利用数字技术、新监测标准对乡村生态环境开展综合评估仍需进一步研究。

（三）乡村生态保护制度不健全

乡村是生态环境的重要涵养地，然而我国仍有 40% 的行政村尚无生活垃圾集中收集处理设施，78% 的行政村未能建立村民生活污水收集处理设施，“靠山吃山、靠水吃水”的老观念依然盛行[②]。当前，乡村环境整治资金主要来源于政府的财政支持，治理乡村生态环境主要依靠传统的人工清理、定期检查、事后修补等方式，缺乏必要的公共生态规范约束，使乡村生态振兴面临更多复杂的挑战，未能形成

① 周同，陈善荣，罗海江，等．“十四五”农村环境质量监测体系研究 [J]．中国环境监测，2021，37（2）：8-15.

② 高吉喜，孙勤芳，朱琳．实施乡村振兴战略 推进农村生态文明建设 [J]．环境保护，2018，46（7）：12-15.

规范的保护体系和治理合力。

五、数字治理尚不规范，乡村组织振兴乏力

（一）数字赋能乡村党建可能面临数据泄露风险

乡村党建数字平台作为现代乡村治理的重要组成部分，对数据的依赖程度较高，并且，在数字平台的实际运行过程中，数据隐私保护的问题日益凸显。这主要是因为乡村治理中的数据隐私保护程度相对较低，部分乡村党组织和党员对数据隐私的重要性认识不足，保护意识有待提高。在数据采集、统计、加工和储存的过程中，基层党建数字平台需要处理大量的个人信息和敏感数据。由于保护措施的不足，这些数据很容易面临被非法获取、滥用或泄露的风险。一旦数据被入侵，不仅可能泄露党员的个人隐私，还可能对党组织的正常运行和乡村治理的稳定产生严重影响。此外，乡村党建数字平台往往依赖于技术公司进行开发和辅助运行。这些技术公司在数据处理、存储和传输等方面拥有较高的权限，这同时也带来了数据泄露的隐患。如果技术公司的内部管理不善或存在安全漏洞，那么乡村党组织和党员的数据就可能面临被非法获取或滥用的风险。因此，加强乡村党建数字平台的数据隐私保护至关重要。一方面，乡村党组织和党员需要增强数据隐私保护意识，加强自我防范；另一方面，技术公司也应加强内部管理，完善安全措施，确保数据的安全性和隐私性。同时，政府和相关部门也应加强监管和指导，推动乡村治理中数据隐私保护工作的规范化和制度化。

（二）农民参与数字治理程度较低

习近平总书记曾指出："目前，我国农村社会处于深刻变化和调整时期，出现了很多新情况新问题，虽然错综复杂，但归结起来就是一个'散'字"。[①] 从乡村治理的实践情况来看，一方面，村级组织往往扮演着乡镇政府权力延伸的角色。这种权力延伸使得村级组织在决策过程中更多地反映了上级政府的意志，而非村民的真实意愿。因此，许多村民在面对乡村公共事务时，往往选择保持沉默，自愿将其排除在乡村治理之外。这种被动参与乡村治理的现象在不少地方已经成为常态，制约了乡村治理的民主化和科学化。另一方面，乡镇政府在基层事务中的主导作用过于突出，这也影响了乡村治理的多元性和互动性，加之乡村党建数字平台数据往往呈现单向传递与流动的特点，村民的声音难以得到有效反馈和整合。

① 谢茹．以数字化提高乡村善治水平 [N]．人民日报，2022—08—05（05）．

这种情况不仅削弱了村民在乡村治理中的主体功能，也导致村民在数字乡村治理中的话语权缺失。村民作为乡村治理的重要参与者和受益者，其话语权的缺失无疑会影响到乡村治理的效果和可持续性。因此，要推进乡村治理体系和治理能力现代化，必须重视并解决村级组织权力延伸、村民被动参与以及农民话语权缺失等问题。

（三）数字治理与乡村治理情感产生脱节

通过数字技术助推乡村治理，治理关系在数字平台的依托下容易出现人情冷淡的现象，继而影响乡村治理的情感“温度”。具体到乡村治理实践中表现为：基层工作人员以数字平台作出相应的治理决策，缺乏与村民面对面的直接沟通与反馈，若是仅仅注重冰冷的数据与数字信息，很可能会阻碍乡村数字治理进程。比如，以数字平台展示工作成绩，可能会给村级党组织带来乡村治理的数字负担与压力，不利于提升乡村数字治理效能①。

第三节　数字经济服务乡村振兴的实现路径

一、构建数字产业发展制度以奠定乡村产业振兴的经济基础

数字产业是数字经济服务乡村产业振兴的必由之路。需要指出的是，无论是数字产业化或产业数字化，乡村产业振兴都需要在坚守农民主体地位的前提下，大力发展乡村产业数字技术，推进农户与现代农业、智慧乡村的有机衔接。通过深化数字产业制度，结合数字经济的渗透和数字技术的应用，不仅能为乡村产业发展提供前所未有、焕然一新的新经济模式，还能从转变效率、革新产业、优化结构等方面推进乡村产业现代化，最终奠定乡村产业振兴的经济基础。具体而言，数字产业发展制度之建构要点如下。

（一）强化乡村产业数字基础设施建设

1. 设立新基建专项资金

乡村产业振兴是推动乡村振兴战略实施的关键环节，而县域作为这一战略的

① 丁波．数字赋能还是数字负担：数字乡村治理的实践逻辑及治理反思[J]．电子政务，2022(8)：32-40.

重要阵地，其地位不言而喻。因此，我们必须积极探索设立新基建专项资金，并实行专款专用，以确保资金能够精准地投入乡村产业振兴的关键领域。同时，我们还应关注我国中西部落后县域在数字基础设施建设上的短板。这些地区由于历史、地理等多方面原因，数字经济发展相对滞后，数字基础设施建设亟待加强。因此，我们需要加大对这些地区的扶持力度，可以通过政策扶持、资金投入等方式，提升其数字基础设施质量与服务能力，为乡村产业振兴提供有力支撑。通过设立新基建专项资金和加大对我国中西部落后县域的扶持，我们可以有效推动乡村产业振兴，提升县域经济的整体竞争力和可持续发展能力，这不仅有助于缩小城乡发展差距，促进区域协调发展，还能够为农民群众带来更多实实在在的利益。

2．发挥政府在资金投入方面的引领作用

政府要加大财政支持，可以采用将社会资本引入乡村以促进乡村振兴的方式，解决资金投入不足的问题。在这一过程中，政府应注重以数字基础设施、城乡融合基础设施、智能创新基础设施为主要目标，健全乡村物流配送体系建设，这既有利于提高乡村储存物流、农产品生产加工等基础设施的数字化、智能化、集约化，也有利于缩小城乡产业之间的数字鸿沟[①]。例如，浙江省湖州市的安吉白茶产业通过构建“1 个数据中心 +N 个应用”的数字化体系，覆盖全县 20 万亩茶园，服务 1 万多户茶企（农），同时，运用区块链技术进行全产业链闭环管理，2021 年白茶产值同比增长 13%，带动农民平均增收 8600 元[②]。

（二）加大要素协同以推动乡村数字产业发展

数字经济服务乡村产业振兴的关键路径之一在于将数据要素与乡村生产要素有机结合，突破传统产业之间的边界，拓宽数据要素和数字技术落地渠道，推动数字资源的优化配置，继而实现乡村一、二、三产业的融合发展。事实上，乡村产业振兴在一定程度上就是要素的优化配置与有效协同。鉴于此，为解决数据要素与产业要素的信息不对称问题，需要在数字技术和数据要素向乡村产业渗透方面发力，通过培育多类型的协同新业态，以数字技术推动乡村产业要素的流动与整合，推进要素市场体系建设[③]，从而提高乡村数字产业发展水平。

① 完世伟，汤凯．数字经济促进乡村产业振兴的机制与路径研究[J]．中州学刊，2022（3）：29−36．

② 王一堡．数字化改革为“三农”注入澎湃动能[N]．湖州日报，2021−12−07（A02）．

③ 张守文．要素市场化配置的经济法调整[J]．当代法学，2022，36（5）：3−13．

（三）聚焦数字产业与乡村产业的有效衔接

要以数字产业向乡村下沉转移为突破口，积极推动农村地区数字设施的科学布局，这不仅是乡村产业振兴的必由之路，也是缩小城乡数字鸿沟、实现乡村现代化的关键举措。在广大农村地区，我们应加快第五代移动通信技术（5G）网络覆盖，推动物联网设备的广泛应用，深化人工智能技术的研发与应用，同时加强大数据平台的建设，为智慧农业、智慧水利、智慧物流等体系的建设提供坚实的技术支撑。通过数字技术与乡村产业的深度融合，我们可以实现农业生产的智能化、精细化，提高农业资源利用效率；可以优化水利设施的调度与管理，提升抗旱防洪能力；可以推动农村物流体系的现代化，降低物流成本，提升农村物流服务效率。这些举措不仅有助于提升乡村产业的竞争力，也为农民拓宽了更多的收入渠道，特别是财产性收入。事实上，有一些地方已经依托数字技术在积极探索“乡村旅游＋农家乐”的多元数字农村发展模式。通过数字化手段，这些地区将乡村的旅游资源与农家乐服务相结合，打造“旅宿”一体的农村新业态，既丰富了乡村旅游的内涵，也带动了农家乐服务的升级，成为数字产业与乡村产业衔接的典型表现。数字农村发展模式不仅吸引了大量游客，也为当地农民带来了可观的收入，为乡村经济的繁荣注入了新的活力。

二、夯实数字人才制度以保障乡村人才振兴的人力资源

（一）健全数字人才的引培制度

为了有效服务乡村振兴，数字经济必须从实际需求出发，精准对接乡村发展的各项需求。因此，建立完备的数字人才培养体系至关重要。这一体系应涵盖专业技术人才、知识储备人才和数字管理人才，确保各类人才能够在乡村振兴中发挥各自专长。同时，我们应以培养创新型、技术型、复合型专业人才为目标，全面提升数字人才的知识储备与技术操作能力。通过持续的教育与培训，确保数字人才始终保持先进性和适用性，为数字经济服务乡村振兴提供源源不断的智力支持和人才保障。比如，陕西省宜君县曾是国家扶贫开发工作重点县，2021 年 1 月，宜君县抓住数字经济机遇，开始与阿里巴巴展开合作，通过引入“AI 豆计划”人工智能产业等项目，吸引青年数字人才 221 人返乡就业①。在推进数字经济与乡村

① 杨江华，王玉洁．数字乡村建设与乡村新人口红利的生成逻辑 [J]．人文杂志，2022（4）：81—89．

振兴深度融合的过程中，县级政府应发挥关键作用，特别是在数字人才的柔性引进与培养上，政府应加强与高职院校、信息服务公司等机构的合作，共同在科技兴农、数字管理等交叉学科领域开展深入研究，形成产、学、研一体化的合作模式。同时，从“育才、引才、用才”三个维度出发，构建数字人才服务乡村振兴的长效机制，确保人才资源能够持续、有效地服务乡村振兴。为了提升涉农人才在数字经济与数字技术方面的知识和能力，政府可以采取招商、资助、引培等多种方式，帮助他们掌握多领域的相关知识和技能，从而积极地创造人才红利。此外，政府还应设立具有竞争力和吸引力的薪酬机制与社会保障机制，吸引更多数字人才投身乡村建设，确保他们能够在农村地区扎根落户、长期服务。通过这些举措，不仅能够夯实数字人才基础，更能为乡村人才振兴提供坚实的人力支撑。

（二）构建农民数字素养培育制度

农民作为振兴乡村的行动主体，培养农民数字思维、提升农民数字素养是充实乡村数字人才队伍的关键环节。鉴于此，一方面，政府和数字经济主管部门应丰富人才培训的内容与方式，采取知识讲座、技能培训等多种措施向农民普及数字知识，强化农民的数字素养提升与风险研判能力。同时，政府和数字经济主管部门要利用互联网平台和实践基地，以课堂教学与实践操作相结合的方式，扎实推进数字经济基础知识与数字技能的广泛运用，让农民“看得到”也“感受得到”数字技术带来的福利。例如，2016 年至 2021 年，江苏省连续 6 年在乡村开展电商“万人培训”“农民手机技能培训”等活动，累计培训人数 6 万多人，共培育淘宝镇 248 个、淘宝村 664 个，2020 年全省农产品网络销售额达 843 亿元，参与直播的农产品数超过 30 万个。

在推进数字经济与乡村振兴融合发展的过程中，政府和数字经济主管部门应当高度重视农民数字素养的提升，通过顶层设计，构建一套系统化的数字素养培育制度。这不仅能激发农民学习数字技术的内生动力，也能为乡村产业的数字化转型和村庄公益事业的创新发展提供有力支撑。从数字思维的角度看，我们需要加强农民对数字技术的认知和理解，提升他们的数字思维。通过举办培训班、开展实践活动等方式，鼓励农民主动学习数字技术，并鼓励他们将所学技术运用到乡村产业发展和村庄公益事业中，实现数字技术与乡村实际的深度融合。从数字人才特征的角度看，我们需从国家层面出发，实施数字人才“下乡”工程。通过选调、挂职、志愿等形式，引导更多优秀的数字人才进入乡村，解决乡村数字人才短缺的问题，这不仅是实施人才强国战略的重要一环，也是推动乡村振兴、实现城乡融合发展的关键举措。

三、健全数字文化制度以涵养乡村文化振兴的人文力量

党的二十大报告指出，“中国式现代化是物质文明和精神文明相协调的现代化”，要“大力发展社会主义先进文化”①。鉴于文化是“要影响其他的一种东西，要感化或支配别的一种东西”②，而数字文化是数字经济服务乡村文化振兴的价值表达，其要具有“感化或支配”的力量，诉诸制度的保障是有效的路径之一。换言之，乡村文化振兴也需要插上数字的“翅膀”。具体而言，健全乡村数字文化制度以涵养乡村文化振兴的人文力量需关注如下方面：

（一）完善乡村数字文化产业制度

1. 健全乡村数字文化产业发展政策

为了推动乡村数字文化产业的发展，政府出台了一系列的政策举措。其中，试点激励政策旨在通过选取典型的乡村地区进行先行先试，为乡村数字文化产业的发展积累经验，提供可复制、可推广的模式；人才供给政策则注重培养和引进数字文化产业的专业人才，为乡村发展提供智力支持；税收优惠政策则通过减轻企业税负，鼓励更多资本投入乡村数字文化产业。此外，政府还设立了乡村数字文化产业引导基金和乡村数字文化产业双创基金，通过专项政策和专项资金予以扶持，助力乡村数字文化产业蓬勃发展，进而促进乡村文化的全面振兴。

2. 创新乡村数字文化产业发展机制

为加速乡村数字文化产业的发展，我们需加强与业界、学界的紧密合作与交流。一方面，通过内部孵化与外部引入相结合的方式，积极培育乡村多元数字文化产业的发展主体，这不仅有助于提升乡村文化产业的创新能力和市场竞争力，还能够吸引更多的人才和资源涌入乡村，推动乡村经济的繁荣发展。另一方面，政府应鼓励数字文化企业发挥自身在技术、创意等方面的优势，深度挖掘乡村优秀传统文化资源，将传统与现代相结合，整合创意与技术，打造出一系列具有乡村特色的数字文化产品，让乡村文化在新时代焕发出更加绚丽的光彩。

---

① 习近平．高举中国特色社会主义伟大旗帜　为全面建设社会主义现代化国家而团结奋斗：在中国共产党第二十次全国代表大会上的报告（2022 年 10 月 16 日）[R]．北京：人民出版社，2022：22—23．

② 贺麟．文化与人生 [M]．北京：商务印书馆，1988．

3. 以数字技术服务乡村文化建设

以信息网络为基础，我们必须稳固地打好“地桩”，精心地搭好“架子”。这意味着，乡村文化产业的发展必须有一个坚实的信息网络基础作为各类新兴技术的支撑平台。在此基础上，我们将物联网、人工智能、大数据、5G 等前沿技术融入乡村文化产业，为乡村数字文化与多元资源的融合提供强大的技术支撑。这些技术的应用，不仅能够提升乡村文化产业的科技含量，还能够推动乡村文化的创新发展，实现传统与现代的有机结合。但值得注意的是，技术只是手段，内容才是核心，高质量的文化内容是乡村文化发展与繁荣的基石。只有不断产出富有乡村特色、充满创意与深度的文化内容，乡村文化才能在激烈的市场竞争中站稳脚跟，实现真正的繁荣与发展。因此，我们在推动乡村文化产业技术革新的同时，更要注重文化内容的挖掘与创新，确保乡村文化发展“底气”十足。

（二）优化乡村文化数据服务平台

一方面，科学整理并出版乡村优秀传统文化内容，以数据服务平台实现对特色古镇、民俗文化、传统技艺的数字转化与创新展示，健全数字图书馆、乡村文化数字展馆等新型文化传播载体，构建起多元化、智慧化的乡村文化数字场景，从而为乡村文化振兴奠定平台基础，比如，新疆伊犁哈萨克自治州借助公共图书馆，使其成为乡村文化粮仓的传播载体，实现了“以文育人”“书香乡村”美好愿景[①]；另一方面，鼓励多元主体在依托国家文化专网的基础上，通过微信小程序、专属应用程序与服务网站等形式积极搭建乡村文化数据平台，宣传乡村特色文化与风貌，同时将乡村优秀文化内容以虚拟现实等方式，借助有形的文化作品传播出去，发挥平台对乡村文化输入、输出的赋能作用，形成推动乡村文化振兴的数据合力，真正让乡村文化资源借助数据服务平台“活起来”。

（三）健全乡村文化数字保护与传承制度

从历史维度看，中华民族五千多年的历史就包括了乡村文化产生和发展的历史。准确把握乡村文化振兴及其数字化发展趋势，加强乡村优秀传统文化数字保护与传承，有利于促进新时代中国特色社会主义文化的发展与繁荣。一方面，要充分发挥数字技术的支撑作用，通过数字技术将优秀的乡村文化记录、储存下来，实现用画面留住文化的美好愿景，重塑乡村文化自信；另一方面，县级图书馆、

① 邓娟，张言. 公共图书馆助力乡村文化振兴的逻辑与实践：以伊犁州图书馆为例 [J]. 图书馆，2021（4）：26-32.

文化馆、博物馆等公共文化机构要借助数字技术，深入调研、整理、宣传乡村特色文化与民俗文化遗产，建立富有乡土情怀与人文气息的乡村文化数字保护与传承模式。例如，天津市津南区西小站村有着130余年的历史，一直拥有重教、崇文的传统，该村通过引进“5G+VR+AR”技术打造没有围墙的数字博物馆，用数字技术展示乡村历史的深厚，实现了对乡村“百年文脉”的保护与传承。[①]

四、创新数字监管以提升乡村生态振兴的监管能力

（一）完善乡村生态环境数字监管制度

1. 革新乡村生态环境数字监管的顶层设计

首先，乡村生态环境监管需形成上下联动、协同作战的“一盘棋”格局。在这一过程中，绿色发展理念应贯穿始终，成为指导监管工作的核心原则。其次，数字技术作为赋能监管的重要工具，应被充分利用，且需要不断提升监管的智能化、精细化水平。再次，农民的广泛参与是监管工作的重要依托，应通过宣传教育、激励机制等方式，引导他们积极参与生态环境保护和监管工作，并在此基础上，推行共治共享，形成多方合力，共同维护乡村生态环境。最后，建立规范的乡村生态环境监管绩效评估体系，确保监管工作的及时性、准确性与科学性，为乡村生态环境的持续改善提供有力保障。

2. 构建网格化的数字监管体系

要对乡村生态环境实施监管，需要搭建乡村生态环境数字信息监管平台，县级政府应积极引入人工智能、云计算等新兴技术系统，依托大数据分析平台、数字技术“下乡”、环保官方网站等载体，成立“县、乡、村”三级乡村生态环境数字监管中心，健全数字监管信息的采集、统计、处理与评估机制，对乡村生态环境状况实施动态分析与研判，以提高数据监管的应用性。近年来，福建省将农业农村污染治理攻坚战与生态扶贫相结合，利用数字生态建设成果开发“绿盈乡村”监管系统，全省已创建“绿盈乡村”7000个，将全省1.4万多个乡村统一编码编号、建档落图，打通乡村生态环境监管的“最后一公里”[②]，以消弭乡村数字鸿沟。

① 杜洋洋，崔智强．农旅融合铺就乡村振兴路[N]．天津日报，2021－07－15（11）．

② 潘园园，魏然．福建提前两年完成“十三五”农村环境综合整治任务[N]．福建日报，2020－05－28（08）．

（二）规范乡村生态环境数字监测体系

数字技术为环境监测与治理提供了可行的技术生态和创新融合的路径，赋予政府和环保部门主动掌握监测技术和治理规则的能力，制定科学的乡村生态环境数字监测办法，以生态数字监测平台对乡村生态环境进行有效监测和智慧治理，有利于实现对乡村生态环境信息的集中管控和共享，最终形成“数字生态”。例如，四川泸州市的生态环境监测管理平台，将环保工作延伸到乡镇、村委一线，并与省厅数据资源中心实现超过 110 项数据的互联互通[①]。

（三）健全乡村生态环境保护制度

目前我国涉及环保的法律共计 13 部，如《中华人民共和国环境保护法》《中华人民共和国水污染防治法》《中华人民共和国土壤污染防治法》等，这些法律为乡村生态环境保护奠定了一定的制度基础。尽管如此，从正式规范来看，对乡村这一特殊对象而言，生态环境保护法律的体系化是存在不足的[②]。事实上，虽然我国的《乡村振兴促进法》对生态休养生息、环境污染治理等作了总体规定，明确了乡村生态保护的红线，但是，从长期发展的角度来看，仍需要健全乡村生态环境多元法治体系，推进乡村生态文明建设法治保障体系一体化，细分保护责任、惩戒措施，明确乡村生态保护补偿机制，注重与生态环境治理进行良性互动，以规范化的法治保障乡村生态振兴，形成乡村生态环境保护的长效机制。

五、完善数字治理以优化乡村组织振兴的治理结构

（一）规范数字技术赋能乡村党建制度

推动乡村组织振兴，其关键在于党的坚强领导。党建引领乡村治理，不仅是马克思主义执政党的职责所在，也是新时代实现乡村振兴的必由之路。在信息化、数字化浪潮汹涌的今天，数字技术已成为赋能乡村党建、提升乡村治理效能的重要工具。因此，我们需要充分发挥制度的引领作用和保证功能，确保数字技术在乡村党建中的正确应用与有效实施。一方面，为了夯实数字技术赋能乡村党建的制度基础，我们应尽快出台一系列以数字党建为对象的规范细则。这些细则应明确数字技术在党建工作中的应用范围、操作规范、数据安全要求等，为乡村党组

① 孔繁彬. 数字技术与环境治理现代化：基于环境成本公平性视角 [J]. 财经问题研究，2022（8）：65–72.

② 吕忠梅. 类型化思维下的环境法典规范体系建构 [J]. 现代法学，2022，44（4）：89–103.

织和党员干部提供明确的指导和遵循。同时，我们还要加强对数字党建工作的监督检查，确保各项制度得到有效执行，防止形式主义、官僚主义等不良现象的发生。在数据安全方面，我们必须高度重视党建数据的安全性。随着数字技术的广泛应用，党建数据的安全风险也日益凸显。因此，我们应完善数据安全监管制度，建立健全的数据安全管理机制，确保党建数据的安全、完整和可靠。另外，建议运用人工智能、电子科技等手段加强对党建数字平台的安全防护，提高平台的抗攻击能力和自我修复能力。此外，我们还要加强对乡村党员干部的数据安全意识教育，增强他们的数据安全防范意识和能力。另一方面，为了进一步完善乡村数字党建体系，我们需要强化乡村党组织的战斗堡垒作用。这要求我们积极探索党建平台“上云”、党务村务“上网”、党员活动“上线”等新型形式，利用数字技术推动乡村党建工作的创新开展。通过“两微一端”等新媒体平台，我们可以实现党员“线上＋线下”联系群众、服务群众的新方式，进一步提升乡村治理的成效。同时，我们还要加强乡村党员干部与村民之间的沟通交流，及时了解村民的需求和诉求，为他们提供更加精准、高效的服务。此外，我们还应注重数字技术与乡村党建工作的深度融合。这需要我们不断创新数字技术在党建工作中的应用模式和方法，提高党建工作的智能化、精准化水平。通过大数据、云计算等技术手段，我们可以对党建工作进行全面、深入地分析和评估，为决策提供科学依据。同时，我们还可以利用数字技术开展远程教育培训、在线交流研讨等活动，提高党员干部的素质和能力。

（二）构建乡村多元主体协同治理格局

基于“共建共治共享”理念的指引，促进多元主体参与乡村治理势在必行。其一，要明确多元治理主体类型。其二，利用数字技术搭建乡村治理互动平台。例如，浙江省德清县通过“数字乡村一张图”打通了政务平台，建立了本地数字生活服务小程序（“我德清”）和村级综合服务管理平台，保障了村民话语权的正当性与合理性，有助于实时反映村庄异动和村情民意，推动乡村社会的良善治理。[①]

（三）健全数字乡村治理体系

数字技术融入乡村治理体系，需要坚持以人民为中心的发展立场，加强在乡村公共事务中与村民的联系，注重情感治理，让数字技术服务于人，以此提高

① 张兆曙．参与困境、场景升级与数字乡村的全景治理：对湖州市“数字乡村一张图”治理平台的案例研究[J]．浙江学刊，2022（5）：88—99．

乡村治理的“精准度”与“温暖度”。在数字乡村治理顶层设计的基础上，应合理把握数字治理需求的回应度，合理选择数字治理工具，避免过度使用数字技术给村级党组织带来治理负担。此外，要强化数字乡村治理的预警机制和风险防范机制，提升数字乡村治理体系和治理能力水平。比如，北京在平谷、密云、门头沟等 13 个区县开展“智慧乡村”建设，围绕数字乡村基础设施、数字产业发展、数字乡村治理等方面持续推进乡村建设，实现对农业、农村、农民的全方位管理与服务，全市所有行政村实现宽带网络基本全覆盖，13 个涉农区互联网普及率达到 80.6%，涉农区电商服务站覆盖率达 83.9%，数字乡村治理和公共服务精细化水平明显提升，农民的数字应用能力显著提高。同时，根据农业农村部 2021 年底发布的《全国县域农业农村信息化发展水平评价报告》中的分析数据，2020 年全国县域政务服务在线办事率为 66.4%，“雪亮工程”行政村覆盖率为 77.0%，可以说，数字治理赋能乡村组织振兴成效显著。①

① 苏秋芳，芦晓春. 为首都乡村振兴注入数字动能 [N]. 农民日报，2022-08-05 (03).

第五章　生态资源协同推进乡村高质量发展

发展生态循环农业，是我国生态文明建设的重要内容，是践行“绿水青山就是金山银山”重要思想的实际行动，也是贯彻落实新发展理念的重要路径，更是统筹推进“五位一体”总体布局和协调推进“四个全面”战略布局的重要抓手。本章为生态资源协同推进乡村高质量发展，主要从乡村旅游资源推进乡村高质量发展、红色文化资源推进乡村高质量发展、生态环境建设推进乡村高质量发展三个方面展开了介绍。

第一节　乡村旅游资源推进乡村高质量发展

一、乡村旅游资源及特点

（一）乡村旅游资源的概念

乡村旅游资源作为旅游产业中独具魅力的一环，其涵盖的内容远不止我们日常所见的农业景观和乡野风光。它实际上是一个综合性的概念，包含乡村地区的自然风光、历史文化和社会现象等多方面的元素。乡村旅游资源并不仅限于农业，还包含乡村建筑、乡村聚落等丰富的人文元素，这些建筑和聚落往往承载着深厚的历史文化底蕴，是乡村文化的重要载体。同时，乡村民俗、乡村文化、乡村饮食、乡村服饰等也是乡村旅游资源的重要组成部分，它们共同构成了乡村独特的风貌和魅力。此外，乡村旅游资源还包括农业景观和农事活动等动态的人文资源，这些资源不仅展示了乡村的生机与活力，也为游客提供了深入了解乡村生活的机会。

乡村旅游资源并不局限于农业旅游资源的范畴，但也不能扩大至除城镇外的所有旅游资源的集合，它大致是由乡村地区的自然旅游资源、文化旅游资源和社会旅游资源三个部分构成的有机整体。需要注意的是，构成乡村旅游资源的三个部分并非截然分开、彼此对立，而是相互融合，横跨自然旅游资源和人文旅游资源大类，从而构成了旅游资源大族群中的一个重要分支。

（二）乡村旅游资源的特点

一般而言，旅游资源所具备的多样性、吸引性、不可移动性、非消耗性、可创新性等特点，对于乡村旅游资源也同样适用。但是，由于乡村旅游资源与乡村地区的自然环境、经济水平、社会结构、乡村产业和乡土文化密不可分，又会现出更加独有的资源特性，对这些特性进行了解，有助于更好地发掘和运用乡村旅游资源，并以此为依据进行乡村旅游资源的利用和保护。

1. 乡土性

自 20 世纪以来，乡村和都市的并存构成了重要图景，在中国更是如此。“从基层看去，中国社会是乡土性的。”这是费孝通教授在他的《乡土中国》中，开门见山地给人们打开了认识乡土性的一扇大门。乡村旅游必须紧密地与乡村资源环境、乡村社区环境和乡村生产生活环境相融合，这种有别于城市、专属于乡村的本质属性也就构成了乡村旅游资源的乡土性。

虽然在制度改革与市场经济的叠加作用下，费孝通教授笔下当年的“乡”与“土”都在发生着深刻变化，乡村地区也在经历深刻转型，但是，长久以来，许多乡村仍然延续了自给自足的生活，坚持日出而作、日落而息的作息，形成了与城市居民快节奏的生活相对应的闲散自由的生活方式。另外，乡土气息浓厚的民间艺术、青山绿水的乡村环境，为乡村旅游打上了更为鲜明的乡土烙印。可以说，乡土性越强，与城市形成的反差也就越强，这样的乡村旅游资源才更加具有吸引力和竞争力。乡土性虽然是乡村旅游资源中最专属的特性，但它不仅体现在乡村地区，还作为中国重要的文化特色，在新型城镇化进程中发挥重要作用。2013 年召开的中央城镇化工作会议上指出，要“把城市放在大自然中，把绿水青山保留给城市居民……让居民望得见山、看得见水、记得住乡愁”。乡土性的保存已经成为我国城镇化战略的基本共识之一。

乡村旅游资源的乡土性虽然是其具有吸引力的主要来源，但也容易出现资源替代性强、市场影响力有限等问题。这就需要找到一个突破点，用心用情打动乡村旅游的主体客群，让乡土性成为人们梦中的世外桃源。自称“乡下人”的沈从文在《边城》中精心构建了一个湘西世界的神话，讲述了一个传统意义上牧歌式的乡土故事。在故事的发生地——花垣县边城镇，国内外无数文人骚客前来观光采风，从而带动了当地的旅游业。这也让当地政府看到了乡村旅游的潜力，随即在 2005 年将原有的“茶峒镇”正式更名为“边城镇”，从命名的角度，充分体现了旅游资源的乡土性，扩大了其资源影响力和独特性。

2. 时令性

乡村旅游资源既包括自然旅游资源，又包括人文旅游资源，与农业生产等经济活动也密切相关。自然旅游资源和农业生产常常受到自然条件的周期性影响，如气候变化、水热条件、四季变更等，从而产生明显的周期性。人文旅游资源中的岁时节令、生养婚娶、游艺竞技等也常常集中在某一个时期。正是由于乡村旅游资源的以上特点，使其在时间分布上呈现出一定的周期变化，这种跟随时令而变的周期性就体现了乡村旅游资源的时令性。

“掌握季节，不违农时”是农业生产最基本的要求之一。中国古代农书《齐民要术》上就写道：“顺天时，量地利，则用力少而成功多，任情返道，劳而无获。”从古至今，节气和时令就与农业生产有着紧密联系，时令性对乡村旅游资源的影响力也不言而喻。在乡村地区，许多景物在一年四季中会显露出不同的美。例如，有着“世界梯田之冠”美誉的龙脊梯田就会随季节的更替而变幻无穷，春如层层银带，夏滚道道绿波，秋叠座座金塔，冬似群龙戏水。还有些景点有着特殊的时令性，只有在某一特定的时间或季节才会展现出最好的景致，比较出名的有日本的樱花季、婺源的油菜花季、中国雪乡的雪季等。再如，泼水节、三月三等民族节日，也只有在特定的时间内才可以参加，因而旅游应“当令”“当时”。

当乡村旅游资源的时令性作用在乡村旅游产业之上，便会使旅游者人数和旅游收入在不同时节体现出不同的差别，即有了旺季、平季和淡季的区分。有的学者将这种差别称为旅游业中最容易理解却最难以解决的问题，也有学者认为这种“潮汐式波动”是全球旅游的主要特征。通常来看，旅游资源的多样性越强，可吸引市场的混合度就越高，旅游资源时令性所带来的淡旺季就越不明显。在实践中，各地也常常通过不同时节的资源搭配来最大化时令性带来的优势，降低时令性的负面影响。例如，桂林市灵川县海洋乡就充分利用成规模的银杏、桃林、山地等乡村旅游资源，形成“春赏万亩桃花，夏品优质水果，秋看金色杏叶，冬观高山雪景”的四季乡村旅游格局。

3. 民族性

中国是一个多民族聚集的国家，目前共有 5 个少数民族自治区，30 个少数民族自治州。少数民族大部分地处偏远山区、牧区以及高寒地区，即范围广阔的乡村地区，这为乡村旅游的发展提供了赖以存在的基本物质基础。原始秀美的自然环境、特有的民族文化元素、生态和文化相结合的民族乡村景观以及淳朴的民族风情，共同构成了乡村旅游资源的民族性特征。

民族性为不少经济欠发达地区的发展带来了希望。其一，许多少数民族地区在经济、社会等诸多领域存在着较大劣势。其二，大部分少数民族地区在乡村旅游资源方面具有显著优势。有学者认为，民族村寨是开展民族文化旅游最好的地方，是一种能够全方位、集中展示最真实民族文化的旅游资源，这里的民俗是“活着”的民俗，是正在发展着的民俗。

民族性还为中国元素的国际化做出重要贡献。“民族的就是世界的”这已是人类的共识。越是民族性强的乡村旅游资源，也越具有吸引力，尤其是在传统意义上地处边远地区的少数民族乡村深厚的民族性，不仅对国内游客具有独特吸引力，还是吸引国际游客的重要因素，让国际游客除了到访“北京、西安、上海、桂林、广州”等传统目的地外，还能来到极具民族性的乡村地区，体验另一种意义上的中国特色。在法国巴黎金秋艺术节上，贵州黎平侗族的大歌一经亮相，技惊四座，世人方知侗乡在黎平。现如今，被称为“侗乡之都”的贵州黎平，已经拥有 90 多个传统村落，被众多法国游客称为“让灵魂得到释放的地方”。

4. 脆弱性

我国高品质的乡村旅游资源大多数分布在偏远地区，原始形态的保留程度较高，这也意味着如果一经破坏，这些资源将很难恢复到原来的面貌。同时，由于乡村地区经济条件和生活水平相对落后，当地村民可能会通过一些不合理的更新改造和开发建设来提高生活水平，这在很大程度上对乡村旅游资源造成不可逆的破坏，加上乡村旅游资源的规模通常较小，与大规模的山水旅游资源、高恢复力的城市旅游资源相比，显得更加脆弱。

从资源类别的角度来分析，乡村旅游资源的脆弱性又主要表现在两个方面。一方面，乡村生态资源作为大自然与人类社会的交汇点，承载着丰富的自然与人文价值。然而，其脆弱性却使得在开发利用过程中必须格外小心。乡村生态环境不仅仅是吸引游客的亮丽风景，还是当地农民生活的根基。因此，任何形式的开发都应以保护为前提，遵循生态学的规律，确保乡村的可持续发展。以怀柔雁栖镇的“虹鳟鱼一条沟”为例，这片土地蕴藏着千年的历史文化，水系更是当地居民生活的命脉。然而，随着乡村旅游的兴起，大量游客不断涌入，各种垂钓园、度假山庄如雨后春笋般涌现。这些产业虽然为当地带来了经济效益，但也对生态环境造成了巨大的破坏。水质受到严重污染，造成当地居民的生活用水受到严重影响，这无疑是对乡村生态环境的一种破坏。更为严重的是，如果不及时加以规范管控，这种破坏还将持续加剧。随着越来越多的餐饮、旅店等配套产业的兴起，乡村的自然环境将面临更大的挑战。水质恶化、生态失衡等问题可能会接踵而至，严重影响当地农民的生活质量，甚至威胁到整个乡村生态系统的稳定。因此，我们必须清醒地认识到，乡村旅游资源的开发利用与乡村生态环境的保护并非矛盾，而是可以和谐共生的。在推进乡村旅游发展的同时，我们必须始终坚持保护性开发原则，加强对乡村生态环境的监管和保护，确保乡村的可持续发展。只有这样，我们才能真正实现乡村旅游与乡村生态的双赢。

另一方面，乡村旅游文化资源的脆弱性同样不容忽视。旅游活动本质上是一种文化交流与碰撞的过程，其中城市居民所代表的“强势文化”与乡村地区的“弱势文化”相遇，往往会产生深刻的影响。这种文化碰撞，虽然可能带来新鲜的文化元素和视角，但也可能对乡村文化造成冲击。强势文化的快速传播和广泛接受，可能会使乡村文化的独特性和原真性逐渐丧失。因此，在推动乡村旅游发展的同时，我们必须注重保护乡村文化的独特性和原真性，避免过度商业化和同质化，确保乡村文化在旅游活动中得到健康的传承和发展。由于文化本身的价值趋同性，在旅游活动的过程中，乡村居民会受到旅游者所携带文化的影响，从而在观念上趋同于城市游客的“强势文化”，很可能会丢失原有的一些传统文化观念。例如，广西巴马瑶族自治县的案例就充分体现了其长寿文化资源的脆弱性：随着乡村旅游的发展，巴马人受外来饮食文化的影响，不再以蒸煮清淡饮食为主，煎炸、膨化食品等油腻食品在巴马人的日常饮食中比重上升，良好的饮食结构被打破，加上从事体力劳动的人口比例减少，益寿习俗逐渐退化，从而对巴马人健康长寿的文化习俗产生影响。

二、乡村旅游资源的分类

在乡村旅游大发展的热潮中，国内外学者对于乡村旅游资源的分类进行了长期的研究，但由于乡村旅游资源的多样性及时代的延展性，目前对乡村旅游资源的分类尚没有统一的分类标准和分类方法。常见的分类方式是依据文化和旅游部颁布的《旅游资源分类、调查与评价》（GB/T18972—2017）中的分类体系对乡村旅游资源进行类型归属。

旅游资源分类的目的是“更好地把握旅游资源所具有的核心竞争力，并更加有效地将潜在的旅游需求转化为现实的旅游需求”，而《旅游资源分类、调查与评价》（GB/T18972—2017）中的乡村旅游资源分类方式对于乡村旅游资源的自身特性，在乡村旅游资源的多重性，尤其是与市场需求的结合方面还存在不足。乡村旅游资源是一种复合型资源，多角度地对乡村旅游资源进行分类有助于增强乡村旅游资源的现实效用性。在这里基于旅游规划实践，从资源的保护、挖掘、开发、利用等方面对乡村旅游资源进行分类研究，主要是加深对旅游资源属性和价值的再认识。

（一）按照资源属性分类

最为常见的旅游资源分类方式是根据旅游资源自身的属性，将其划分为自然旅游资源和人造旅游资源两大类，这种划分方式最早由彼得斯（Peters）提出，由于使用的分类依据比较直观，所以操作起来也比较容易。在这一分类的基础上，根据常见的旅游资源的基本属性，结合乡村旅游资源类型，将其划分为三大类，即自然旅游资源、文化旅游资源和社会旅游资源。

1. 自然旅游资源

结合乡村旅游资源的性状、成因、美学特征，将自然旅游资源分为以下几种。

（1）气候条件

气候条件如光照充足、空气清新、清凉避暑、干爽宜人等，一方面影响着动植物分布、土地类型、耕作制度及民居类型等，对乡村景观起着巨大作用，还会影响乡村旅游活动的开展，如元阳的壮美梯田、婺源古村的油菜花海等就是受气候条件的影响而形成的特有景观。另一方面，气候条件是形成乡村旅游资源季节性特征的重要原因，即随着四季的变化而形成的农业生产、社会生活的季节性变化规律。

（2）风光地貌

地貌条件是塑造乡村景观的关键因素，它深刻影响着乡村的宏观外貌和乡村社会的经济生活。不同海拔和地形的地区，呈现出各具特色的乡村景观。比如，江南平原地区的水乡景观，以其水网密布、河道纵横的特点，展现了江南水乡的独特魅力。而在山区，梯田景观则成为一道道亮丽的风景线，展示了人们对山地的巧妙利用和辛勤耕耘。地貌条件不仅决定了景观的类型，还在一定程度上制约了资源的开发和利用程度。一些地区因地貌条件优越，资源丰富，所以社会经济得以快速发展，形成了繁荣的乡村景观；而另外一些地区则因地貌条件限制，资源开发受限，经济发展相对滞后，所以呈现出不同的乡村面貌。

（3）水文条件

水文条件影响着农业类型、水陆交通、聚落布局等，如位于龙门山构造带中南段的四川虹口地区，水文资源独特，岷江水系的龙溪河和白沙河属常年性自然河，再加上另外一些贯穿整个地区的山溪小河使得这个地方成为夏季人们经常光顾的避暑胜地。

(4) 动植物资源

各纬度和高度不同的地区，动植物的品种和生长状况也不同，除了可观赏性之外，还有可闻性、可食性、可听性、可感性等特点。植物形成了各具特色的森林景观、农田景观、草原景观等，不同的动物种群又形成了牧场、渔场、饲养场等不同的乡村景观，可满足人们观赏、保健、休养、狩猎、垂钓、考察等多元需求，还可进行各种旅游活动的开发。

2. 文化旅游资源

依据不同文化资源的表现形态，将乡村文化旅游资源划分为民居建筑文化、农事农耕文化、民俗节庆文化、乡村艺术文化四类。

(1) 民居建筑文化

由于受地形、气候、建筑材料、生产生活方式与生产力水平不同等诸多因素的影响，我国的乡村民居呈现出多种形式，如北方游牧民族的帐篷或毡包、西南少数民族的竹楼、陕北黄土高原的窑洞等。有些地方的民居建筑已成为当地乡村的地标和核心吸引力，如皖南的宏村、浙江的诸葛村、江苏的周庄、福建的客家围屋等，深受游客的喜爱。

(2) 农事农耕文化

乡村地区是我国农业发展的主战场，拥有丰富多彩的农事文化。在农业生产中，不同的耕作方式使用的农具各种各样，不同作物的耕种和收获也需要按照不同的时令，再加上当下乡村中的传统耕作方式与现代高科技耕作方式相混杂，规模经营与农户经营相混杂，充分体现出乡村内涵深厚的农耕文化。现如今，城里人到乡村去体验采摘、养殖、放牧、挤奶、采茶等农事活动俨然已成为一种时尚和生活方式。

(3) 民俗节庆文化

中国拥有五十六个民族，民俗风情各有特点，节庆活动也是多种多样，可以说丰富的民俗节庆文化是乡村旅游最为宝贵的资源之一。民俗文化承载的是历史发展长河中人们的精神与情感，是农村原生态的、深厚的文化积淀，所涉及的范围非常广泛，有文学、音乐、舞蹈、体育竞技、医药、手工技艺、服饰、礼仪、婚俗等方面。

(4) 乡村艺术文化

民间艺术是区域大众生活的体现和特征，在部分乡村地区流传着许多传统、精湛的手工艺制作，如木版年画、剪纸、手编花篮、手工刺绣、皮影、泥塑、蜡艺等，是乡村非物质文化资源的重要载体。民间艺术的这一特性使其逐渐成为乡村文化创意旅游的一个重要方面，通过传统艺术创新，不仅丰富了乡村旅游体验，而且强化了旅游目的地的品牌形象。例如，河北省吴桥县借助杂技这一民间艺术，将杂技文化成功融入美丽的乡村建设，成为全国乃至世界都知名的旅游胜地。

3. 社会旅游资源

常见的社会旅游资源包括以下几个方面：

（1）乡村景观风貌

乡村景观风貌主要是指具有一定特色的乡村旅游设施、乡村风貌、建设成就等。真正富有特色的乡村景观，对各种类型的旅游者都有或大或小的吸引力。例如，浙江省桐庐县，将灵动的富春山水和各个具有风情的村镇巧妙结合，培育了25个风情特色村（点），让桐庐乡村“处处是景、时时见景”，成为闻名遐迩的美丽乡村。

（2）乡村经济成就

乡村的经济发展状况包括该地的城乡交流状况、乡村的产业发展、乡村特产如有机农产品、特产加工品的生产等。最为典型的是乡村农副土特产品，它具有地域特色强、品种多样的特点，对城市、外地游客来说是新鲜而宝贵的旅游资源。将农副土特产品融入乡村旅游中，不仅是增强乡村旅游吸引力的有效途径，也是促进农副土特产品销售、提高农民收入的便捷途径。

（3）乡村农业旅游资源

乡村农业旅游资源指可被旅游开发利用的农、林、牧、渔等农业资源，源于人们对可利用的自然环境要素进行农业生产而形成，相较于一般的自然环境有人工参与的痕迹，是人与自然和谐相处的产物，同时也是我国悠久农耕文化的具体体现。人们在土地上开展各种生产活动，并由此形成各具特色的乡村旅游资源，如田园风光、草原牧场、渔区景色、林区景观、城郊农业景观等。

马里莫普提村是马里尼日尔河岸边的一个村庄，坐落在尼日尔河及其支流巴尼尔河汇合处的3个小岛上，因其特有的地域优势和丰富的渔业资源，每个居民家都有船，并可直接在家门口进行捕鱼，渔业成为当地支柱的经济产业，同时也成为其独有的景观而吸引各地游客前往。同时，田畴、农舍、篱笆、鱼塘等元素构成了宁静舒缓的生活节奏，水车灌溉、围湖造田、采藕摘茶等农事活动充满着浓郁的乡土气息。

（4）社会好客精神

中国是著名的礼仪之邦，孔子云“有朋自远方来，不亦乐乎”，好客的礼仪是中华民族的优良传统。这种好客文化体现在乡村各种待客礼俗、参与式的民族歌舞乐等各种各样的文化事象之中，典型的代表如藏族的献哈达、苗族的拦路酒等，营造出乡村旅游中好客的文化氛围。

（二）按照资源可利用性分类

从旅游资源的可利用性角度，可将旅游资源划分为两类，一类是可再生旅游资源，另一类是不可再生旅游资源。

1. 可再生旅游资源

可再生旅游资源是指在旅游活动中被部分消耗或毁坏，但能够通过适当途径进行自然恢复或人工再造的旅游资源。例如，垂钓资源，一个地区若因为游客垂钓活动的频繁开展而导致鱼类数量有所减少，但是该地鱼类资源的自然繁衍能力很强，则可以采取相应的管理措施，使鱼类资源得以恢复，此类资源便属于可再生旅游资源。再如，以主题公园为代表的当代人造旅游景点，其历史价值和文化意义并没有那么重大，可经过人们加以仿造或重建也能体现出文化的氛围和旅游的价值，这一类资源也属于可再生旅游资源。

2. 不可再生旅游资源

首先，不可再生旅游资源是大自然在历史长河中遗留下来的宝贵财富，无论是自然遗存还是文化遗存，它们都具有极高的价值。乡村旅游资源作为其中的一部分，同样具备这种特性。乡村旅游资源的脆弱性使它们容易受到外界因素的干扰和破坏。一旦某些资源遭到破坏，其再生能力极为有限，甚至可以说是几乎无法再生。比如，乡村中肥沃的土壤，它是经过长期自然积累和农民辛勤耕作形成的，一旦遭受过度开发或污染，土壤结构将被破坏，土壤肥力将大幅下降，很难再恢复到原来的状态。其次，乡村旅游资源中的文化资源更是珍贵而脆弱的。那些带有宗教或历史色彩的建筑，是乡村文化的重要组成部分。它们在损毁之后，即便可以通过现代技术重修，但重建的建筑往往会失去原有的历史韵味和文化底蕴，旅游者在参观时所能获得的感知和愉悦也会与原来产生偏差。因此，我们必须高度重视乡村旅游资源的保护和合理利用，确保这些不可再生资源能够继续传承，为乡村的可持续发展提供有力支撑。最后，乡村旅游在经济发展中也要注意保留乡村本土文化的原真性，防止过度商业化，最大程度地保证本土文化不被侵袭。没有资源的保护利用，乡村旅游的可持续发展无从谈起。所以，对于这类不可再生的乡村旅游资源在开发过程中应在保护的基础上合理地开发利用，合理地挖掘其旅游价值，坚持走“保护—开发—保护”的可持续发展道路。

根据资源的可利用性进行分类，更多的是从乡村的可持续发展角度去考虑的，对于指导旅游区的规划、开发、经营与管理工作具有重要的意义。旅游资源具有脆弱性、易损性等特点，假如开发利用不当，极易遭到破坏，尤其是对于不可再生的旅游资源，一旦破坏，将很难恢复。所以，在旅游需求飞速扩张的现代社会，对乡村旅游资源的开发应以保护为前提，而绝不能完全以市场为导向。

（三）按照资源开发现状分类

根据乡村旅游资源的开发现状，可将其划分为现实旅游资源和潜在旅游资源。

1. 现实旅游资源

所谓现实旅游资源，通常是指那些不仅其本身对旅游者具有吸引力，而且客观上已经具备必要的接待条件，并且正在接待大批游客前来观赏的旅游资源。对于这类旅游资源，其开发重点在于整合和提升原有乡村旅游资源的价值，使其更具有旅游吸引力。

2. 潜在旅游资源

潜在旅游资源通常是指那些其本身可能具有某种令人感兴趣的特点，但由于不具备交通条件或其他接待条件，加之可能尚不为外人所知，目前还无法吸引大量游客前来观赏的资源。通过差异包装、创意打造、视角变化等方式，此类资源也有可能转化为供游客观赏并且可供旅游开发的现实旅游资源。

对于乡村来说，它存在很多潜在的旅游资源。一是对于当地人习以为常、司空见惯的事物，但对于城市人却是相对稀缺的生态文化资源，如青山绿水、蓝天白云、乡村景致，以及乡村的慢生活、特有的烹饪方式、特色的火炕住宿、民俗活动等。这些资源并非传统的旅游资源，但对于城市人来说，却具有极大的差异性，能产生很大的新鲜感。二是从审美、艺术、创意的角度出发，目前虽有使用价值，但还不构成旅游资源吸引力的内容，如瓦片、磨盘、水车、古井、古树、棚架等。这类资源往往需要经过艺术加工，如调整摆放形式、摆放位置等，才可以体现出浓郁的乡土气息。植物、石材、木、砖、陶等乡土自然材料，通过造景手法处理也可以营造出独一无二的乡土庭院景观，对旅游者形成特有的乡村景观吸引力。三是以市场的角度看待乡村旅游资源，那些在传统旅游资源概念里难以提及，甚至在从前不认为是旅游资源的事物，如土特产、农舍、村落、商铺、物产，甚至是猪圈等元素，通过创意设计及产品化之后，也能成为引起旅游者共鸣的重要资源。

这种划分方法有利于了解乡村旅游资源的禀赋条件，并在此基础上评估旅游资源的可塑性。同时，由于潜在旅游资源的开发成本往往大于现实旅游资源的开发成本，所以借助这种分类方法可以从开发成本角度有效权衡资源开发的方式和方向。

（四）按照资源等级分类

根据旅游资源管理级别进行分类，将其分为世界级、国家级、省级、市县级四类。这样划分的目的在于掌握一定区域内旅游资源的垄断程度和对旅游者可能产生吸引力的程度。

1. 世界级乡村旅游资源

乡村类世界遗产地，作为一类特殊的旅游资源，以其独特的魅力和深厚的文化底蕴吸引着无数游客。这类资源之所以珍贵，不仅在于其自然景观与人文景观的完美结合，更在于其组合方式所形成的独特乡村风情。游客在此既可以亲近自然，感受乡村的宁静与纯朴，又能体验到遗产的原真性，领略到历史文化的厚重与深远。世界级乡村旅游资源，往往以世界文化遗产、5A 级旅游景区的形式呈现在世人面前。这些资源汇聚了具有世界性突出价值的民居建筑、乡村聚落、村落布局、产业活动、民间习俗、文化节事等要素，每一处都蕴藏着深厚的历史文化内涵，每一处都散发着独特的魅力。它们的存在，不仅丰富了乡村旅游的内涵，也提升了乡村旅游的品质。乡村类世界遗产地旅游资源的独特性与垄断性是其最为显著的特征。以皖南古村落——西递、宏村为例，它们的村落布局独具匠心，与周边的山水地貌相得益彰，形成了一幅幅美丽的乡村画卷。这里的民宅建筑清雅脱俗，既体现了中国传统建筑的精髓，又融入了皖南地区的特色元素，让人流连忘返。这里的文化底蕴更是深厚无比，无论是古老的习俗还是丰富的节事活动，都让人感受到了乡村文化的独特魅力。正是因为这些独特而珍贵的资源，所以皖南古村落——西递、宏村成为中国乡村类旅游地的典型代表。它们以其独特的乡村旅游资源吸引着无数游客前来观光游览，也为当地的经济社会发展注入了新的活力。

2. 国家级乡村旅游资源

这一级别的旅游资源由国务院审定并公布，主要包括中国历史文化名村、国家级美丽乡村、国家农业公园、国家级现代农业示范园、国家级重点文物保护单位等，具有重要的观赏价值、文化价值和科技价值。

国家级乡村旅游资源大多拥有国家级称号，在全国具有一定的知名度，除省内游客和周边游客外，对远程游客也具有很强的吸引力。此类乡村绝大部分以旅游业为主导产业，旅游产业结构完整，游客量逐年增长，旅游收入效益较好并能有效带动农民就业。以浙江省安吉县为例，其最大特点是以经营乡村的理念推进美丽乡村建设，立足本地生态环境资源优势，大力发展竹茶产业、生态乡村休闲旅游业和生物医药、绿色食品、新能源新材料等新兴产业。

3. 省级乡村旅游资源

省级乡村旅游资源数量众多，主要涉及省级历史文化名村、省级美丽乡村示范村、省级现代农业示范园、省级农业公园、省级休闲农业示范点等。

这一级别的乡村旅游地生态环境优良，交通便利，发展特色鲜明，示范引领作用突出，以城郊休闲为主，重点针对家庭游、亲子游、商务游、周末休闲游等市场进行产品设计，主要吸引“3 小时经济圈”以内的游客，游客出行方式大多以自驾为主。例如，贵州省凤冈县田坝村，以茶为主导经济产业走出了“茶旅一体化”的发展好路子，形成种类丰富、特色鲜明、功能配套、服务规范的多元化乡村旅游体系，荣获 2016 年贵州美丽乡村推荐旅游目的地。

4. 市县级乡村旅游资源

这一级别的旅游资源主要为各地的市县级文物保护单位、市县级现代农业示范区、市县级休闲农业示范点等。市县级乡村旅游资源数量繁多，一般规模不大，以吸引城市周边两小时交通圈客群为主，产品丰富多样，但同质化现象较为普遍，因此，特色化与产业化成为关键。

三、实现乡村旅游高质量发展的措施

在乡村振兴战略的背景下，乡村旅游是解决“三农”问题的重要途径之一，是促进农民增收和提升农民幸福感的重要手段。

（一）提高乡村旅游要素供给水平

完善要素供给是推动乡村旅游高质量发展的关键所在。一是资金方面，政府需加大财政投入，整合涉农资金，并鼓励社会资本与品牌企业合作，创新融资方式，破解资金瓶颈。二是人才方面，要着重提升农业从业者素质，通过纳入培训计划、开展多层次培训以及吸引高校人才，打造乡村旅游专业队伍。同时，政府应出台激励政策，引导返乡人员和大学生投身乡村旅游创业，引进旅游专业人才。三是场地供给方面，需优化土地利用规划，优先保障乡村旅游项目用地，完善公共服务设施，高效整合闲置资源。通过这些举措，将有力推动乡村旅游产业的蓬勃发展。

（二）完善乡村旅游基础设施资源

随着生活品质的提升，人们对旅游服务的要求愈发严苛。优化乡村旅游体验，关键在于完善乡村旅游的基础设施、提升其服务标准并加强信息化建设。在基础设施方面，政府应加大投入，改善交通状况，升级景区内部设施。同时，保持景区环境整洁，设立咨询、急救中心，提升服务人员素质，构建高标准服务体系。在信息化方面，利用互联网平台进行宣传，通过大数据分析满足游客个性化需求，推送实时信息，提升游客体验。总之，通过全方位的设施、服务、信息化提升，乡村能够更好地满足游客对高品质乡村旅游的需求，提升游客满意度，推动旅游业的持续发展。

（三）构建旅游利益共享机制

一方面，坚持利益农民共享，是实现共同富裕的重要途径，特别是在乡村旅游这一领域，它不仅能够促进农村经济的发展，还能提高农民的生活水平。这一目标的实现，需要我们从多个维度进行深入的思考和实践。第一，坚持农民的主体地位是实现利益共享的核心。在乡村旅游的开发与建设中，我们必须充分尊重农民的意愿和建议。从乡村旅游开发建设用地到农民闲置资产的入股，每一个决策都应当建立在与农民充分沟通的基础上，确保他们的利益得到最大化。同时，我们还应该积极调动农民参与景区建设的积极性，发挥集体的智慧和力量。只有让农民真正成为乡村旅游的主人，他们才能从中获得真正的收益，也才能确保乡村旅游的可持续发展。第二，我们要坚持问题导向，积极回应农民群众最关心的利益分配问题。乡村旅游的发展往往伴随着客流量的变化，这可能导致淡旺季现象的出现，进而影响到农民的生活成本和空间。第三，旅游开发也可能带来生活环境被破坏等问题。面对这些问题，我们必须采取切实有效的措施加以解决。比如，通过统筹推进软硬件环境建设，提升乡村旅游的品质和吸引力；打造特色乡村旅游品牌，吸引更多的游客前来；创新管理服务方式，提高旅游产业的运营效率等。通过这些措施我们可以确保农民在乡村旅游的发展中真正受益。另一方面，坚持环境协同，实现旅游产业的可持续发展。在景区的建设和开发中，我们必须充分考虑到环境的承载能力，遵循可持续发展理念。这意味着我们要在保护自然环境的前提下进行开发，充分保留当地的原始景观风貌和特色。例如，在乡村建筑的改造中，我们不仅要注重建筑的美观和实用性，还要考虑到其与周围环境的和谐共生。同时，我们还要尊重自然规律和历史文化，将开发与保护相结合，营造出一个“生产绿色、生态天然、生活和谐”的环境氛围。

（四）打造特色旅游产品资源体系

坚持市场导向，打造特色旅游产品体系，是实现有效供给的有力途径，也是推动旅游业持续健康发展的重要举措。在市场竞争日益激烈的今天，我们必须以市场需求为导向，不断创新乡村旅游产品，提升服务品质，以满足游客的多元化、个性化需求。首先，我们需要转变单一的旅游产品模式，向多元化的产品模式转变。传统的旅游模式往往局限于观光游览，现如今已很难满足现代游客日益多样化的消费需求。因此，我们要打造旅游模式新业态，将旅游观光、休闲娱乐、康养等多种元素融为一体，形成复合型的旅游模式。这种模式不仅综合化程度高，而且游客体验感更好，能够满足游客在旅游过程中的不同需求，提升游客的满意度和忠诚度。其次，促进旅游产业与其他产业融合是提升旅游产品竞争力的重要途径。产业融合是体现一个产业是否成熟的重要标志，通过与其他产业的融合，可以充分发挥不同产业的互补效应，相互支撑发展。例如，与农业产业的融合，可以推出农家乐、农业观光等旅游产品，让游客亲近自然、体验农耕文化；与文化产业的融合，可以打造文化旅游产品，让游客在欣赏美景的同时，感受乡村深厚的文化底蕴。这种跨产业的融合不仅能够降低成本，提高经济效益，还能将大部分的利益留在乡村，实现效益最大化。最后，推进旅游产品转型升级，树立品牌观念是提升旅游产品竞争力的关键。我们要深入挖掘当地的文化内涵，提炼出独特的旅游元素，打造出别具一格的创意风格。通过创新性的产品设计和营销策略，吸引游客聚集体验，形成较强的市场知名度。同时，我们还要注重品牌建设和维护，不断提升品牌价值和影响力，形成品牌效应。这样不仅能够吸引更多游客前来消费，还能提升旅游产业的整体形象和竞争力。

第二节　红色文化资源推进乡村高质量发展

用心用情用力保护好、管理好、运用好红色资源，忠实赓续红色血脉，努力创造不负革命先辈期望、无愧于历史和人民的新业绩，是中国共产党人的光荣传统，是中国共产党人始终不渝践行初心和使命的铮铮誓言和具体行动。红色既是中国共产党，又是中华人民共和国最鲜亮的底色，红色资源在我国 960 多万平方千米的广袤大地上星罗棋布。习近平总书记曾强调：“共和国是红色的，不能淡化这个颜色。无数的先烈鲜血染红了我们的旗帜，我们不建好他们所盼望向往、为之奋斗、为之牺牲的共和国，是绝对不行的。”[①] 回顾党的百年奋斗历程，在革命战争年代，勤劳朴实的中国革命老根据地（简称老区）人民养育了党和人民军队，竭尽所能提供人力、物力、财力，为壮大革命力量、夺取革命胜利付出了巨大牺牲，做出了极大贡献。革命老区是社会主义大厦的基石，要让老区人民过上更加幸福美好的生活。在新的征程上，加强红色文化资源的开发与利用，发挥红色文化优势，是助推乡村全面振兴高质量发展的精神支撑，是提升乡村全面振兴实践效能的一项紧迫而重大的课题。置于实现中华民族伟大复兴的时代语义下，忠实传承红色基因，大力弘扬革命传统，充分依托红色文化资源，赋能乡村全面振兴，促进乡村经济社会高质量发展，对于实现基层党建与乡村经济社会高质量发展互融互促、双向共赢，推动红色文化资源开发利用与乡村全面振兴的融合发展，助力农业乡村现代化，都具有重要的现实意义。回答好红色文化资源利用与乡村全面振兴高质量发展的问题，必须深入把握红色文化资源开发利用与乡村全面振兴的辩证关系与契合机理，全面考察红色文化资源助推乡村全面振兴的时代价值与实现逻辑，科学把握红色文化资源、红色基因融入乡村全面振兴的现实困境和实践路径。

一、红色文化资源对乡村高质量发展的独特价值

毛泽东指出，“一定的文化是一定社会的政治和经济的反映，又给予伟大影响和作用于一定的政治和经济。”[②] 红色文化是中国共产党人团结带领中国人民在革命、建设、改革中创造和形成的理论、精神、经验、传统，以及由此凝结而成的独特文化现象。对于红色文化丰富内涵的认识，要把握好三点：第一，红色文化是以中国化马克思主义为核心的先进文化，内蕴着丰富的革命精神和厚重的历史文化内涵；第二，要将红色文化放在实现中华民族伟大复兴的宏大主题下理解其形成的历史背景、概念、特征与时代价值；第三，谈论红色文化资源的开发利用必须在遵循地域差异性的基础上，坚持系统观念统筹推进其大发展大繁荣。

探讨红色文化资源开发利用与乡村全面振兴的关系问题，逻辑起点是要把握好红色文化资源开发利用与乡村全面振兴高质量发展的内在机理。所谓机理，是指为了实现某一特定功能，在一定的系统机构中各要素的内在工作方式以及诸要素在一定环境条件下相互联系、相互作用的运行规则和原理。依此可知，红色资

① 杜尚泽．两会现场观察：“共和国是红色的”[N]．人民日报，2019-03-05（01）．

② 李翠荣，李伟民．市场经济条件下封建殖民文化泛滥的原因和治理对策[J]．湖南社会科学，1999（6）：3．

源开发利用与乡村全面振兴统一于中国特色社会主义建设伟大实践，彼此具有密不可分的内在关联，是双向互动的关系。红色文化资源的开发利用为乡村全面振兴提供了有力的支撑，乡村全面振兴的推进为红色资源开发利用带来难得的历史战略机遇，两者在物质形态、精神形态、制度形态的契合，实现了双方的有机结合，对于两者来说，是大有裨益的、互利互惠的。

红色文化资源是中国共产党在长期的社会革命实践中积累沉淀而成的宝贵精神财富，是中华优秀传统文化资源不可或缺的重要组成部分。红色文化资源的独特价值，对乡村全面振兴高质量发展具有独特而重要的价值意义，红色文化资源的开发和运用，不仅是推进乡村全面振兴高质量发展的内在需要和必然要求，还是其重要的动力源泉和精神支撑。2019 年 9 月，习近平总书记在河南考察时就指出，“依托丰富的红色文化资源和绿色发展生态资源发展乡村旅游，搞活了乡村经济，是振兴乡村的好做法”①。2021 年 4 月，习近平总书记在广西考察时再一次指出：“全面推进乡村振兴，要立足特色资源，坚持科技兴农，因地制宜发展乡村旅游、休闲农业等新产业新业态，贯通产加销，融合农文旅，推动乡村产业发展壮大，让农民更多分享产业增值收益。”②2021 年的中央一号文件就全面推进乡村振兴，加快农业农村现代化强调指出，要“依托乡村特色优势资源”。红色文化资源之所以是乡村全面振兴中的特色优势资源，对于推进乡村全面振兴具有不可替代的独特功能作用，是因为其深厚的历史文化底蕴和民族精神内涵，以及其具有的先进性特殊性质和指导性地位价值。在新的征程上，随着乡村振兴战略推进的力度、深度持续加大，红色文化资源开发利用在乡村全面振兴高质量发展的地位和作用日益凸显，在推动全面实现“产业兴旺、生态宜居、乡风文明、治理有效、生活富裕”这一乡村振兴战略总要求上彰显出独特的优势价值，具有经济、政治、文化、生态等多重维度的时代价值。

（一）有助于乡村产业兴旺

产业兴旺，既是全面推进乡村振兴的重要手段，又是乡村全面振兴的重要物质基础，也是衡量乡村全面振兴的重要评判标尺。如何做大做强乡村产业，实现乡村产业振兴，是推进乡村全面振兴必须把握的一项重点工作。第一，红色文化资源的开发利用对于促进乡村全面振兴高质量发展有着重要的助推作用，有助于

① 参考网. 红色文化资源对乡村振兴的促进作用[EB/OL]. (2022-04-14) [2023-12-26]. https://www.fx361.com/page/2022/0414/10250418.shtml.

② 龚文颖，佘鸿雁. 让人民生活幸福是“国之大者”[J]. 当代广西，2021，(9)：22-23.

丰富乡村产业内涵，延伸产业链，提升经济效益。比如，发展与红色文化相关的手工艺品创意产业，不仅有利于提升手工艺品的文化内涵，还可以延长与手工艺品相关联的制造业产业链。第二，立足区域内红色文化资源，顺应产业发展规律，发展红色旅游，有助于推动乡村观光休闲产业的发展壮大，优化乡村产业布局，可促进乡村一、二、三产业的深度融合，让乡村产业兴旺。全国各地的红色文化资源，推动红色文化旅游产业的发展，红色文化资源的开发利用，不仅使红色文化资源成为产业，还使红色旅游成为拉动当地经济增长的新引擎，带动乡村就业率的提升。第三，以红色旅游引领了文旅康养产业的发展，实现了产业转型升级，成为带动经济发展的新生力量。例如，苏区精神重要发祥地江西省安远县，通过深入挖掘和包装红色文化资源，促进了当地的人流、物流和信息流发展，带动了服务、住宿等产业发展，培育出了集休闲旅游、餐饮住宿等于一体的乡村新型产业，助推了地方产业的兴旺，产生了极为可观的经济效益。

（二）助力生态振兴

生态宜居是乡村全面振兴的关键。生态宜居的深刻内涵，绝不能仅仅从人民群众居住的环境来理解，还需从乡村生态文明、人与自然和谐相处、人类可持续发展的高度来看待。就乡村全面振兴的生态层面来看，必须从生态良好、宜于居住、宜于就业创业等层面把握生态振兴的实质要求。一方面，要推进乡村产业兴旺，夯实乡村经济社会高质量发展的物质基础条件；另一方面，必须忠实践行绿水青山就是金山银山的理念，以绿色发展引领乡村全面振兴。也就是说，要让产业振兴与生态振兴紧密结合起来，而不能使之成为两张皮，顾此失彼，偏废某一方面。乡村产业振兴不能以牺牲生态环境为代价，不能竭泽而渔，以牺牲人类可持续发展换取短期的发展。为加强对红色文化资源的开发和利用，保护是前提。因此，在加强保护的基础上，加大对乡村基础设施和公共服务的投入，优化乡村人居环境，引导群众树立可持续发展理念，用绿色发展理念引领推进乡村生产方式、生活方式和消费方式的绿色化、生态化，对于发展绿色产业，培育“美丽经济”，助力生态振兴，促进乡土文化发展延续、自然风貌、文化保护和生态宜居等融合在一起，实现人与自然的和谐共生，是大有裨益的。生态经济学认为：“经济社会的生态发展需要文化尤其是红色基因的支撑。”[①] 在传承红色基因中加强乡村人居环境的整治，促进生态和人居环境的双向美化，让乡村生态美起来，构建起适合人类居住的自然生态环境、良好的文化生态环境，将有助于推动乡村生态

---

① 冷波．红色旅游是激活红色基因的重要方式[J]．党史文苑，2015（2）：60–64．

振兴和文化生态重塑，有利于开发出美好的自然环境、村民安居乐业的生活环境，实现生产、生态、生活的和谐发展。

（三）助力文化振兴

文化振兴是乡村全面振兴的重要支撑。古人云：仓廪实而知礼节，衣食足而知荣辱。乡村自古就是中华传统文化的发源地，是农耕文明的依托和载体。乡村全面振兴是物质文明与精神文明协同发展的结果，所以在注重物质文明建设的同时，也要注重乡村精神文明的建设，注重对村民精神风貌的提振，着力发展乡村文化，让乡风"淳"起来。文化振兴需要不断释放红色文化资源蕴含的追求真理、艰苦奋斗、为人民服务等时代价值，充分发挥红色文化中包含着的优良革命传统、优秀的文化底蕴，及其无私奉献、开拓创新、勤俭节约、吃苦耐劳等精神力量作用，这样不仅能丰富村民的文化娱乐生活，培育良好的社会风气、优秀的家风，促进村民树立积极进取、艰苦朴素的精神意识，使村民的精神风貌焕然一新，让乡村的乡风文明"塑"起来，而且能从革命先辈艰苦创业、敢于拼搏等行为中，汲取建设美好家园的智慧和力量，寻找乡村全面振兴的精神力量。红色文化资源所蕴含的社会主义核心价值观，可教育引导村民树立起积极健康的人生观、价值观和生态观，有利于加强乡村社会文化建设，发展"绿色、和谐、可持续"的生态文化、产业文化。全国各地抓住红色文化这一主线，通过开设红色文化课程、举办红色文化高端论坛、开展红色文化主题活动、建设红色文化旅游基地等形式，对红色文化资源进行开发和利用的实践表明，坚持将有形的物质资本与无形的文化资源相耦合，形成物质与精神相匹配的生态维度，在促进红色基因传承的同时，让人体验到了红色文化的神奇魅力，感悟到革命先烈那种为人民谋利益、为中华民族谋复兴的顽强意志、坚定毅力，这有助于增强文化自信、文化认同，促进乡村文化复兴，助力乡村文化振兴。

（四）助力社会和谐

和谐稳定的乡村社会不仅是乡村全面振兴的重要保障，也是乡村全面振兴追求的重要目标，是实现乡村繁荣昌盛的重要基础。强化基层治理建设，不断提升乡村治理水平，为乡村全面振兴创设良好、和谐、稳定的乡村社会，对于夯实党在乡村的执政基石，促进国家兴盛安定的重要作用是显而易见的。回顾中国共产党百年奋斗的历程可知，中国共产党在治理乡村社会方面积累了丰富的实践经验。注重加强乡村社会建设，既是中国共产党的一贯要求，也是一条宝贵经验。在陕甘宁边区，中国共产党通过实行普选制度和"三三制"政权，"发展经济、保障供给”的财政方针，发动大生产运动等开展了全面的社会建设，由此陕甘宁边区社会面貌发生了翻天覆地的变化，呈现出政治清明、经济自足、文化进步、社会和谐等可喜景象。中国共产党带领人民开展社会建设的实践，在加强党的基层建设、实施政府治理和开展群众动员等方面积累的丰富经验，构成了红色文化资源的重要内容，是新时代乡村治理文化根基之渊、文化资源之源和文化素材之库。汲取红色文化资源中社会治理实践之先进经验，深入挖掘红色文化资源中社会治理之内在价值，充分发挥其导向、创新、整合、教化等功能，可为乡村治理提供精神动力、智力支持和方法指导，对于推进乡村社会治理具有重要的借鉴意义和重要的参考价值，有助于让乡村治理有效“活”起来，增进乡村社会和谐稳定，助推乡村治理现代化。比如，充分发挥红色文化资源之鲜明的政治立场、为人民服务的价值取向、深厚的群众基础、不懈的奋斗精神等导向功能，可为乡村治理提供正确的政治导向；充分发挥其因地制宜、因时而变之创新性丰富乡村治理思想内涵，可为差异化地推进乡村治理提供有益启迪。

（五）助力共同富裕

生活富裕是乡村全面振兴的根本。实现共同富裕是乡村全面振兴的终极取向，这是由中国共产党的本质属性、宗旨所规定的。新时代人民对美好生活的向往，对生活富裕提出了更为多样、更高层面的新要求。因此，理解共同富裕，不能仅仅从物质生活这个层面去片面认识，还需要从精神文明、政治文明和生态文明等更为宽泛的、更高层次的角度去把握。首先，乡村全面振兴下的共同富裕，既要村民的钱袋子鼓起来，过上安康的美好物质生活，还要让村民的脑袋富裕起来，心理上积极健康、心平气和，实现精神生活富裕。红色文化资源的开发和利用，对于这两种富裕的融合，可起到重要的助推作用，有助于实现乡村生活富足的总目标。其次，加强对红色文化资源的开发和利用，将红色文化资源转化为集体资产，转化为经济发展优势，是创新村级集体经济增收模式的重要选择。通过构建红色产业体系、建设红色村镇、开展红色教育等途径，可壮大村级集体经济，由此可拓展农民就业创业途径，夯实农民增收致富的基础，促进农业增效、农民增收。例如，来自长征国家文化公园建设的实践表明，整合长征沿线 15 个省（区、市）文物和文化资源，有利于充分发挥爱国主义教育作用，做到文旅融合，带动百姓致富，实现了经济效益和社会效益的双赢。最后，通过进行革命精神研究传承、红色文化遗存保护展示、红色教育基地打造等形式，加强红色故事传播，发挥红色文化育人、教化功能等作用，可丰富人们的精神世界。据新闻报道，浙江省松阳县充分挖掘、整合红色文化资源，着力打好红色资源整合牌、红色文化特色牌，大幅度地提升了村庄文化品质，给乡村带来了经济收入，实现了革命老区村民增收，深入推动了革命老区振兴发展，助推了共同富裕发展。

二、红色文化资源助推乡村高质量发展的实践案例

全国各地深入挖掘红色文化资源助推乡村全面振兴高质量发展的实践探索有力表明，红色文化资源的有效保护和科学开发利用，对于实现乡村振兴战略规定的“产业兴旺、生态宜居、乡风文明、治理有效、生活富裕”的总要求有着良好的助推作用，有利于促进乡村政治、经济、社会、文化和生态各方面的建设，促进实现乡村物质文明、精神文明、社会文明和生态文明，在实施乡村振兴的力度和质量上发挥了重要作用。例如，河南省新县田铺镇大湾村利用红色文化资源推进乡村全面振兴进行了实践探索，《人民日报》等主流媒体对该村进行了报道，其做法为利用红色文化资源促进乡村全面振兴提供了典型样本、有益借鉴。在此，结合广西壮族自治区钟山县以“红色古镇英家”建设为依托，助力乡村全面振兴的事例，阐述深入挖掘红色文化资源助推乡村全面振兴高质量发展的主要做法，并阐析其存在的问题。

（一）主要做法

素有“八桂红色故里，广西革命摇篮”之誉的钟山县英家村位于钟山县西南部的清塘镇，国道 323 和省道 207 穿境而过，区位优势较为优越。在这里，以钱兴、吴赞之等为代表的革命前辈相继发动了和领导了震惊广西的英勇起义，打响了广西在中国共产党领导下武装反对国民党反动派的第一枪，揭开了解放战争广西各地革命武装斗争的序幕，为中国革命取得胜利做出了积极贡献。辖区内有中共广西省工委历史博物馆、英家粤东会馆等传统革命教育景点和广西十大党性教育基地——英家党性教育中心，以及广西壮族自治区级文物保护单位 4 个。2020 年，英家村被中央组织部、财政部列为全国红色美丽村庄试点村。钟山县抓住“推动红色村组织振兴建设红色美丽村庄”试点契机，坚持把红色文化资源开发利用与基层组织建设融合发展，以乡村振兴示范村建设助力乡村全面振兴，并取得一定成效。

第一，抓“红色文化资源开发利用 + 干部教育”，强化乡村全面振兴的政治引领。第一，充分发挥英家党性教育中心的作用，加强党员干部的理想信仰教育，让党员干部接受红色文化的洗礼，用红色文化激励党员干部在乡村振兴的前沿阵

地与民同甘共苦，着力用红色文化为乡村全面振兴提供源源不断的精神动力，丰富红色美丽村庄建设内涵。第二，建成中共广西省工委历史博物馆、中共广西省工委旧址纪念亭、中共广西省工委机关“招待所”、英家起义旧址（粤东会馆）、英家起义游击道、革命故址牛垌牌楼、张赞周故居等多个党性教育场地，积极探索专题教学、现场教学、互动教学、情境教学、体验教学等教学模式，打造党性教育精品课20多门，深入开展红色教育。2021年，接待各类培训111期，培训教育党员干部6000多人次。第三，依托红色故事教育引导党员干部增强带领群众建设美丽村庄、乡村社会的文化自信，让党员干部在深刻领会红色文化的精髓基础上，传承红色基因，用党员干部带头传承红色精神示范引领群众建设家园，进而不断激发广大群众创造美好幸福生活的磅礴力量。

第二，抓“红色文化资源开发利用＋组织建设”，夯实乡村全面振兴的政治基础。红色文化是在中国共产党领导下发展起来的，将红色文化资源开发利用与基层党组织建设结合起来，推动组织不断强大，强化基层党组织的联系群众、发动群众、组织群众的政治功能，着力夯实建设美丽乡村、乡村全面振兴的政治基础和群众根基。第一，结合村（社区）“两委”班子换届选举，抓好“头雁”队伍建设，选优配齐富有能力、开拓进取、群众基础较好的村“两委”干部。充分利用红色文化资源，加强业务培训，扎实做好换届选举“后半篇文章”，着力把党组织打造成党建强和发展强的“双强”基层党组织。第二，深入挖掘红色文化中组织动员群众的价值意义，深入实施“一组双联”制度，强化党小组“上接下联”的桥梁作用，推动“红色古镇英家”建设任务自上而下落实，党员群众意见建议自下而上征集解决。在推进“红色古镇英家”核心区三清三拆工作时，党员带头宣传政策，得到了群众的大力支持和拥护，不到一个月便拆除了所有旧房，有力保障了核心区建设工作有序推进。

第三，抓“红色文化资源开发利用＋风貌塑造”，优化乡村全面振兴的人居环境。将红色文化资源开发利用与乡村人居环境整治有机结合起来，汲取红色文化资源之社会治理经验，充分发挥党员干部、党组织的作用，引导党员干部对强化乡村人居环境整治意义的认识，以狠抓党的建设，促风貌改善，着力创设宜居宜业的人居环境，推动村子“靓”起来。第一，创新推进“双会两书”（党群理事会、村民理事会、村民承诺书和党员请战书）制度，引导党员、村民主动投身“三清三拆”、民事工作、土地流转等“红色古镇英家”建设。第二，结合“村事村办、党员揭榜”“我为群众办实事”等活动，在“红色古镇英家”建设一线发挥党员先锋模范作用，带头捐献土地、筹资筹款、投工投劳，引导群众将“红色古镇英家”建设“政府事”作为“自家事”,“自家事”变成“大家事”,有力推进了“红色古镇英家”建设。据初步统计,截至目前,“红色古镇英家”建设已整合资金3000多万元,对480栋民房进行风貌塑造,42栋危旧房2400余平方米进行拆除。通过党员示范带动,村民无偿贡献土地3050平方米,筹资15多万元,投工1500人次,200多起矛盾纠纷得到有效化解。

第四,抓“红色文化资源开发利用+产业发展”,壮大乡村全面振兴的经济基础。将红色文化资源开发利用与村级集体经济发展壮大、旅游产业发展等紧密结合起来,注重资源优势向发展优势、发展效能转变,使之成为产业振兴、村民富起来的重要牵引,切实壮大乡村全面振兴的经济基础。第一,通过“党员先锋岗”“党员示范户”等创评活动,大力培育党员致富先锋,引导党员在产业链各环节上发挥作用,强化党员对乡土人才的培育示范作用。按照“党支部+合作社+企业”的有效经营模式,鼓励和引导45名革命后代、有志青年成立广西英家文旅发展公司。为“红色古镇英家”试点创建运营主体及本土化、市场化运作,采取入股特色产业、盘活资源出租、整合资源项目下放等模式,大力发展壮大村级集体经济。第二,围绕壮大红色旅游产业,充分发挥村乡贤理事会、村民理事会、红色英家艺术团、广西英家文旅发展公司、美丽英家保洁队等“五支”党员群众队伍的作用,着力推动红色旅游与生态旅游、民俗文化旅游、乡村旅游、休闲度假旅游等融合发展。2021年里,红色英家艺术团组织的党员、群众排演的大型舞台情景剧《红色英家》,演出100多场次,每位参与演出的群众增加收入1万多元。

(二)存在的突出问题

当前,各地深入挖掘红色文化资源助推乡村全面振兴高质量发展,虽然取得了显著的成效,但是由于受各种因素的制约,红色文化资源开发利用助推乡村全面振兴的效能、效果还不是十分令人满意,仍然有一些突出问题亟须解决,主要表现在以下几个方面:

第一,宣传的力度不大,利用红色文化资源助推乡村全面振兴的意识还不够。红色文化的宣传形式、手段、方式有待提高,宣传的力度不够大,特色不够明显;红色文化的传播缺乏一定的时代性、针对性和创新性,吸引力不足;宣传经费支持来源不够多元,主要依靠政府的资金发放和支持,社会力量、市场力量参与宣传的资本投入不足;宣传存在教条化和形式化,对红色文化如何作为文化基因融入地方经济社会发展、乡村全面振兴、民众日常生活等方面宣传考虑不周,以至于利用红色文化资源助推乡村全面振兴的意识在一些群众中并没有真正树立起来，如在“红色古镇英家”建设中，一部分人认为这是政府的工作，与自己的关系不大，所以没有积极主动参与，甚至有推诿的现象。

第二，基础设施不够完善，持续推动乡村全面振兴的能力不足。相对来说，在中国革命阶段形成的红色文化资源较为丰富的乡村地区，大多由于经济发展水平普遍还较低、地理位置相对偏远、远离中心城市，特别是那些艰苦边远的地区，基础设施投入相对要少，道路、教育、卫生、文化等相对滞后，使得乡村的基础设施不够完善，持续推动乡村全面振兴的能力不足。例如，“红色古镇英家”建设中的游客中心、停车场、厕所、标示牌等基础设施仍在建设中，未能真正投入使用。相关配套基础设施的不完善，也限制了红色文化资源的开发和利用。

第三，开发利用红色文化资源涉及责任部门较多，组织协调难度大。红色文化资源开发利用涉及的领域广、范围大、行业多，涉及的责任单位也很多，这在一定程度上增加了利用红色文化资源助推乡村全面振兴的组织协调难度。有一些地方对红色文化资源的开发利用存在责任单位之间未树立“一盘棋”思想，责任没有压实、沟通欠缺，尚未形成工作合力的现象。例如，在“红色古镇英家”的建设中，存在着工作职责不够清晰、分工不够细化，对项目建设不能做到统一安排部署、统筹推进的现象，以致项目间对接不合理产生工作摩擦。

第四，开发利用红色文化资源的建设资金筹措困难，助推乡村全面振兴的项目推进缓慢。调研发现，开发利用红色文化资源助推乡村振兴的项目建设资金绝大部分是依靠财政拨款和资金筹措，通过招商引资、社会帮扶、村民自筹等方式来筹措的资金较少，资金来源渠道比较单一。例如，在“红色古镇英家”的建设中，由于大部分责任单位在年初财政预算的时候没有安排项目资金在英家村，以致财政年度剩余备用资金未能完全支付，导致该项目建设实施出现了较大的资金缺口，进而制约了项目的推进。

第五，产业底子薄，开发利用红色文化资源助推乡村全面振兴的后劲不足。乡村的产业发展结构单一，缺乏可持续发展的支柱性产业，特别是村级集体经济底子不够厚实，发展方式不够科学，以致红色文化资源开发利用与产业发展难以紧密融合，红色文化资源难以成为产品，产生直接的经济效益。例如，“红色古镇英家”的建设，英家村村级集体经济主要以企业入股分红、房租土地租赁等为主，没能很好地将红色文化资源开发利用有机结合起来，以致难以起到很好的“造血”作用，带动群众增收致富。

第六，专业化人才和团队缺失，红色文化整合力度不够。开发利用红色文化资源，赋能乡村全面振兴需要专业化的人才和团队。由于部分乡村经济较为落后，对人才的吸引力不足，以致开发利用红色文化资源助推乡村全面振兴面临专业化人才和团队供给不足这一关键性问题。也正是如此，开发和利用红色资源往往缺乏创意性和远见性以及统筹性和整体性，再加之一些地方红色文化资源的分布较散、规模较小、影响也较小，导致红色文化资源整合起来存在困难，开发利用红色文化资源的规划不够合理，手段、形式单一，甚至有的红色文化资源还被破坏，红色文化品牌打造较难。

第七，红色文化传承与地方发展未能有机结合，乡村长远发展的红色文化底蕴缺失，红色文化拉动产业发展动力缺乏。红色文化传承氛围不够浓厚，村民的红色文化教育缺失，一些村民对红色文化当代价值认识不足，以致红色文化融入地方发展、基础设施建设、乡村产业、乡风文明建设等缺乏内生动力。例如，在"红色古镇英家"的建设中，一些村民的房屋达不到乡村风貌提升建设工程项目标准，不在改造范围内，导致部分村民因为没有从该工程中获得直接利益从而产生不平衡心理，出现其他项目建设不够配合的现象。

依托丰富的红色资源，发挥红色资源优势是助推乡村全面振兴的有效载体和重要手段。鉴于红色文化资源助力乡村全面振兴方面存在着宣传落地不够、载体形式不多、配套设施跟不上等问题，因此必须采取有效措施，优化红色文化资源助力推进乡村全面振兴高质量发展的路径。

（三）红色文化资源助力乡村振兴的措施

1.以红色文化资源为引领

红色文化有着重要的育人功能，给人以正能量的引领，是在中国社会不断发展，尤其是在社会转型中必须着重用来引领社会发展的精神性支柱文化，包含着共产主义理想信念、爱国主义精神、人民至上思想，对坚定推进乡村全面振兴的意志、激励推进乡村全面振兴的斗志、稳固推进乡村全面振兴的民心的作用是不可小瞧的。在乡村意识形态面临各种风险挑战、乡村文化式微的情况下，挖掘利用红色文化来筑牢乡村意识形态安全，提振村民的精神风貌尤为必要。对此，必须坚持以文化人，充分发挥好红色文化的育人作用，锻造用红色文化资源助力乡村全面振兴的精神高地。第一，要立足地域红色文化资源的禀赋，整合各部门资源，将红色文化教育纳入中小学教育、党员干部教育培训之中，使红色文化融入育人的生动教材中。以红色古镇英家建设为例，当地政府应当着眼于将英家建设成为集党员教育、干部教育、革命教育、青少年教育、乡村振兴培训教育、就业培训教育等多元教育为一体的红色教育基地，强化红色文化在培养理想信念、坚定政治方向、坚守人民立场的乡村振兴人才队伍中的作用。第二，要深挖红色元素、历史底蕴，对革命遗址和历史性建筑进行重建或修缮，使之成为进行革命传统教育的重要基地，引导广大党员干部、群众、学生从红色基因中汲取推进乡村全面振兴的信仰力量。第三，要充分利用好现有的教育教学资源，建立多层级、全科型的师资团队，积极探索让人易于接受的“红色 +”特色教育模式，不断提高革命传统教育实效。在这点上，红色古镇英家建设应进一步丰富教育教学资源，壮大革命传统教育师资队伍，改进和完善教学模式，以不断扩大办学能力和影响力，切实推进红色教育高质量发展。第四，要充分运用现代信息技术，提升红色文化传播技术的时代性、针对性与创新性，积极开展弘扬红色文化的各种文艺活动，打造红色文艺产品，加强红色文化的宣传传播，增强党员干部、群众的文化认同感、自豪感。

2. 强化红色文化资源整合

针对红色文化资源不够集中，难以形成合力的现状，应坚持规划为先，遵循“近期有限有序开发，远期深度综合开发”的基本原则，本着经济效益与社会效益相统一的目的，努力加强红色文化资源的整合，将红色文化资源纳入地域内的统筹开发，使之能综合利用，以实现地域内红色文化资源优势互补、点线联合。挖掘红色文化资源，助力乡村全面振兴，离不开一定的基础设施条件，良好的基础设施是实现红色文化资源助力乡村全面振兴的重要保障。因此，我们要立足长远，科学规划红色文化资源助力乡村全面振兴的战略布局，着眼于红色文化资源各区域的协同发展、多要素的系统开发，强化基础设施服务建设，促进红色文化由资源优势向资本优势转化，使之能得到深度开发，进而最大限度地发挥其聚焦连带的作用。以红色古镇英家建设为例，当地政府应在坚持保护和利用好红色纪念设施的基础上，基于将传承红色基因转化为村级党组织带领村民改善乡村生产生活设施，打造安居乐业美丽家园，建设以红色为主、绿色为辅、古色相映的特色村庄，来改善用红色文化资源助力乡村全面振兴的服务环境和条件，实现组织振兴和生态振兴两促进、双提升。此外，还要充分结合乡村风貌改造、“三清三拆”和土地“增减挂”等项目，加强村庄的总体规划。发挥党员干部、群众的主体作用，围绕改善人居环境、提升村容村貌，不断完善供水排水系统、电路设施、网络通信，改善游客饮食、住宿等基本接待设施，着力打造好以英家村委、英家党性教育中心、英家卫生院、博物馆、粤东会馆、英家明清古街等为中心的红色核心区。由此可根据红色主题、交通、区域特色文化资源、农业发展条件和地貌，延展周边地区的相关服务产业的链条，着力提升乡村的公共服务能力和水平，进而确保消费者安心进得来、舒心留下来、开心玩起来。

3. 打造红色文化特色品牌

提高用红色文化资源助力乡村全面振兴的服务效能，既要紧扣地域特征，充分利用好现有的农业发展条件、交通便利等优势，坚持多元化发展，着力创建特色品牌，引领红色产业持续壮大，又要坚持全面融合共建，促进“红色 +”蓬勃发展，还要充分整合资金项目，盘活集体资源资产，把丰富的红色生态资源优势转化为农民致富的绿色产业优势，助推地方经济社会发展提质增效。以红色古镇英家建设为例，在创建特色品牌上，应当组织引导村民立足红色文化的特色资源优势，开发建设农产品交易中心和红色工艺品作坊，延长红色产业深度，形成产、供、销的完整产业链，进而带动红色特色产业发展；开发盘活红色古商业街，充分挖掘英家大头菜、英家豆腐等英家传统工业产品，制作“红色”菜谱，打造头菜宴、红色主题美食节等具有英家特色的美食文化，将六甲街打造成集红色土特产、红色餐饮、红色文创产品于一体的商业古街，从而实现红色产业的持续壮大。在全面融合共建上，应当深入挖掘英家村红色旅游品牌特色，提质升级红色旧址、场馆红色主题功能、红色旅游组团项目，开发特色游览线路、开发特色旅游产品，形成“红色 + 绿色”乡村特色旅游模式，充分将红色文化资源与民俗节庆活动相结合，打造集红色体验、红色演绎等为一体的红色乡村旅游示范点。与此同时，探索“红色党建引领 + 旅游康养”的发展模式，打造“红色 + 绿色”特色康养产业，推动红色文化传承和旅游康养的深度融合发展。在助推地方经济社会发展提质增效上，应当发挥党组织的组织优势、组织功能和组织力量，探索建立更加有效、更加长效的利益联结机制，强化党建引领，发展以旅游业为主的红色教育、旅游产业，引进和培育有实力、有经验的组织，统一谋划开发、经营管理好红色资源资产，着力盘活集体资源资产，使之转化为农民致富的资本优势，实现村级集体经济不断发展壮大，确保集体资产保值增值，村民持续受益。

第三节　生态环境建设推进乡村高质量发展

当前，在我国经济社会高质量发展的背景下，生态环境对于促进社会经济全面发展的支撑作用日益明显。以往强调更多的是城市环境保护和绿色转型，而对乡村生态环境的关注相对较少。乡村振兴战略的推进使得乡村生态环境建设被提上日程，对被破坏的乡村生态环境进行治理，推进乡村经济绿色发展，有助于实现美丽中国的愿景，满足人民群众对美好生活的期待。

在新的历史时期，出于对我国经济社会发展条件和发展环境变化的应对，党和国家提出要以高质量发展为主题。高质量发展针对的并非只有经济发达的地区，还有一些经济不发达地区、边远地区、乡村地区的高质量发展同样应该受到重视。在高质量发展的背景下，坚持绿色发展，保护好生态环境，保障人民群众的生活品质，成为当前时期经济社会发展的重要内容。广大乡村地区生态环境受到破坏的问题不容忽视，如何在推进乡村生态环境保护，加强乡村生态环境建设过程中充分贯彻、落实高质量发展成为当前一个很重要的课题。

一、乡村生态环境建设与高质量发展相互促进

（一）生态环境建设是推进高质量发展的重要举措

当前，我国社会主要矛盾已经转化。发展中的矛盾和问题集中体现在发展质量上。在经济社会发展的诸多领域中，生态环境保护和治理对于高质量发展有着促进作用，从本质上看，高质量发展是以较小的资源消耗和环境成本为要求的发展。我国经济社会发展的实践也证明良好的生态环境本身就是重要的生产要素，理应成为高质量发展的重要内容。

“三农”问题一直是党和国家关注的重点，乡村地区的高质量发展直接影响着整个社会经济高质量发展目标的实现。因此，对乡村生态环境进行治理尤为重要。实现乡村绿色发展是促进乡村高质量发展的一项根本举措，也是加速改变乡村面貌的重要方式。改善乡村生态环境和自然资源，能促进乡村自然资源的有序发展，实现我国乡村富饶与宜居生活的统一。

（二）高质量发展为乡村生态环境建设提供了新方向

高质量发展是全面建设社会主义现代化强国的战略安排，是立足于社会主义现代化建设全局的战略选择。高质量发展是体现新发展理念的发展，是绿色成为必由之路的发展。因此，高质量发展的目标和要求也为生态环境的保护和治理开拓了和提供了新的方向。新时代，乡村地区在推进乡村振兴的过程中，要以高质量发展为目标和指导，以新的方法和新的思路，创新农村生态环境建设模式，实现乡村生态环境与经济社会的和谐发展，提高乡村居民的生活质量，让乡村成为美丽宜居的地方。

二、乡村生态环境建设现状

（一）建设环节中当地政府缺位

当前，虽然部分乡村地区的经济有了一定程度的发展，但随之也出现了日益严重的乡村工业污染问题。乡村地区的企业大多数为乡镇企业，承担着促进就业、增加农民收入的重任，是农业农村发展中不可或缺的重要力量。然而，乡镇企业也有着自身的缺陷，那就是大多乡镇企业都存在生产设备简陋、能耗高、技术落后、污染防治设施不齐全的缺点。乡镇企业在迅速发展的过程中，不可避免地会带来严重的环境污染，加剧乡村生态环境破坏。①

此外，乡村工业污染还面临新的重要来源，即从城市转移过来的污染。现代化城市建设步伐加快，大量占用土地资源，导致城市土地数量资源日益紧张，城市工业用地成本增加。为了节约成本，一些高能耗、高污染、难治理的企业不断向乡村地区转移，污染也随着这些企业转移到乡村。部分企业在生产经营过程中产生的各种污染物在没有按照国家相关标准进行处理就直接排放进乡村河流、土地中，大面积增加了乡村污染范围，造成乡村污染幅度增加，乡村生态环境不断恶化。

（二）地方企业环保意识不强

在我国乡村地区，生态环境监测的制度体系不够健全，存在着缺乏专门从事生态环境建设的相关人员。一些地方政府由于面对国内生产总值增长的巨大压力，会尽量地想办法帮企业减轻在污染处理上的限制，很多污染严重的企业，转移到排污管乡村地区，这使得处理设施本就相对薄弱的乡村地区的生态环境面临巨大挑战。转移到乡村的高污染企业，在排污处理上并没有按照相关的生态环保要求配置必要的设施设备，超标排放污染物情况在广大乡村地区屡见不鲜。由于乡村地区的排污问题长期没有得到合理的监管，导致大量的废气、废水等污染物被随意地排放，使得乡村地区生态环境遭受冲击和破坏。

（三）乡村居民环保意识不强

在乡村地区，乡村居民是乡村的重要主体。在保护乡村生态环境上，他们也是主力军。但是，在很多情况下乡村居民的主人翁意识不强，同时受到文化水平和受教育程度的限制，导致他们当中很多人都缺乏必要的环保意识和维权意识。

① 张志胜．多元共治：乡村振兴视域下的农村生态环境治理创新模式[J]．重庆大学学报：社会科学版，2020（1）：201—210．

在很多不涉及自己利益的事情上，他们大多采取的是一种旁观的态度，这就使得乡村环境和生态破坏的行为并没有在当地居民中引起重视。大部分乡村居民由于自身受教育程度不高，他们往往倾向于处理好自己家庭的事务，大到类似于生态环境的保护和治理问题，他们往往无从下手，认为这应该是政府和企业需要关注的事，与自身的关系并不大。除非生态环境污染确实对他们产生了实际的危害和影响时，他们才会想到应该要采取行动来维权。

三、乡村生态环境建设的创新方向

（一）地方政府要发挥好主导作用

乡村生态环境建设，地方政府是主导者。在统筹地方经济社会发展的过程中，地方政府应该贯彻新发展理念，以高质量发展为目标指引，将绿色发展作为推进高质量发展的重要动力，主动承担起生态环境建设责任。

1. 加大在资金上的投入和支持

鉴于生态环境建设的公共品属性，单纯依靠企业和个人来承担并不现实。因此，政府应该在环保设施建设、污染治理，以及环保专业人才的培育和引进等方面加大资金的投入。

2. 制定和完善相关的法律法规

制定和完善与乡村生态环境建设相关的法律法规，为乡村生态环境建设提供相应的法律支持与制度保障。虽然地方政府以往出台过和环境有关的法律法规，但这些法律法规往往对于乡村生态环境保护而言缺乏现实的针对性。这使得各方在处理乡村环境污染时没有可以参考的可操作性内容，从而并未履行好相应的环境保护的职责。因此，出台专门针对乡村生态环境保护和治理的地方性法规尤为必要，以便更好地明确各方在各方面的法律责任，对违法违规行为进行严格处罚[①]。

3. 构建治理督察与问责机制

各地方政府可以借鉴中央环保督察的经验，结合地方发展的实际，推进当地乡村环境治理督察工作，并将乡村环保工作纳入常态化管理。同时，在对各级干部进行绩效考核评价时，乡村环境治理应该成为重要的考核内容。对那些严重损害乡村生态环境的情形，要对相关领导干部进行追责，让相关单位和负责人明确

① 罗晶，刘谦．乡村征信战略视域下农村生态环境治理模式的创新研究[J]．农村科学实验，2019（31）：2．

自身的责任，以便更好地避免出现推卸责任的现象。

4. 政府引导多方力量形成合力

政府要引导多方力量，形成乡村生态环境建设的合力。具体而言，政府可以通过奖励、补贴、特许经营等方式，鼓励更多企业或个人参与到乡村环境治理中来。对于那些能够自觉开展清洁生产的企业，政府应该给予更多信贷或税收等方面的优惠政策，并对其产品进行信用评级，而对于污染程度高的企业，则应增加其环境治理费用的征收。通过对污染情况不同的企业进行区别对待，能够引导企业自觉进行技术升级和改造，从而减少对乡村生态环境的破坏。

（二）地方企业要履行好社会责任

乡村生态环境建设同样离不开企业的参与和配合。地方企业应该以习近平生态文明思想为指引，深刻领会总书记“改善生态环境就是发展生产力”这句话当中所蕴含的道理，自觉让绿色经济成为新的经济增长动力，为保护好乡村生态环境贡献力量。

1. 践行绿色理念，建立绿色企业文化

文化是引领行为的内在力量，企业按照绿色文化的要求进行生产，及时淘汰掉那些对生态环境造成污染和损害的落后生产设备，加强技术创新，减少其生产对乡村生态环境的破坏，把绿色生产作为企业的名片，树立起更好的企业形象。同时，企业绿色文化应该成为全体企业员工的共同遵循，所以有必要通过培训的方式让绿色理念真正走进每个员工的内心。通过培训增强企业员工的社会责任感，学习到更多的环保知识，以此减少企业对乡村生态环境的污染。

2. 主动公开自身环保信息，接受社会监督

一般而言，普通大众对于企业的生产信息，环境污染指标知之甚少。这就使得企业的环境污染行为很难被及时地发现和关注，很容易给乡村生态环境造成破坏。只有让企业主动公开环保信息，将企业生产置身于乡村居民的监督中，才能让企业时刻保持警醒，避免出现破坏乡村生态环境的情况①。

（三）乡村居民要自觉保护好生态环境

环境就是民生，青山就是美丽，蓝天就是幸福。良好的生态环境是提高乡村居民生活质量必不可少的前提。在乡村的土地上，农民是当之无愧的主人。守护

---

① 李满. 乡村振兴战略下农村生态环境治理的激励约束机制研究[J]. 管理学刊，2020，33（2）：25-35.

好自己的家园，推进乡村生态环境的治理，是每一个农民义不容辞的责任。然而，长期以来，大部分农民在自己所生活的土地上的这种主人翁意识不强。这种主人翁意识的缺失有农民自身文化水平较低的原因，也有历史观念的原因，多方因素共同使得他们并没有将乡村环境的破坏与自己现实的生活联系起来。

1. 增强农民的环保意识

各地方政府应充分发挥各类媒体的宣传与教育功能，通过多种方式、多种渠道向当地农民普及和宣传环保知识。一方面，让广大农民意识到保护好生态环境的重要性，让他们认识到乡村生态环境遭到破坏会影响自身身体健康和生活品质。另一方面，还要向他们宣传如何去培养绿色的生活习惯，并自觉在生活中践行绿色理念，减少对生态环境的破坏。

2. 让农民树立起主人翁意识

乡村居民是自己生活地区的主人，他们熟悉当地的自然环境和社会情况，在参与生态环境建设时有很大的优势。因此要让他们清醒地认识到自己的主人翁身份，自觉地保护自己家乡的生态环境，并在乡村生态振兴中拥有更多的获得感和幸福感。

3. 引导乡村居民绿色生产与生活

一方面，要引导农民学习和掌握农业生产的新知识和新技术；另一方面，要帮助他们完成绿色农业的升级与改造。此外，还要推动他们参与如“厕所革命”等绿色生活的生态项目，并且适时督促他们合理回收和利用农业生产，以及日常生活中的废弃资源，以减少对生态环境的污染与破坏①。

乡村生态环境建设关系着农民群众的根本福祉，关系着经济社会的全面发展和进步。只有在高质量发展目标的指导下，使政府、企业和普通农民群众共同参与到乡村生态环境建设中来，才能切实实现经济效益与环境保护之间的双赢局面。

① 王国栋．乡村振兴战略背景下农村生态环境治理创新模式研究[J]．农家参谋2021（17）：7–8．

第六章　乡村高质量发展趋势

乡村是具有自然、社会、经济特征的地域综合体，随着国家乡村振兴战略的全面深入实施，未来五到十年我国乡村发展将处于大变革、大转型的关键时期。随着我国经济由高速增长阶段转向高质量发展阶段，以及新型工业化、信息化、城镇化、农业现代化“四化同步”的深入推进，我国城镇化的质量与城市带动农村的能力将进一步提升和增强。虽然大量农民生活在农村的国情不会改变，乡村发展的差异性和多样性趋势仍将延续，解决农业农村发展的短板问题也不能一蹴而就，但从总体趋势上看，农业生产、农村形态、农民生活、城乡工农关系等诸多方面都会呈现新的特点和变化趋势。

本章为乡村高质量发展趋势，主要介绍了四个方面的内容，依次是乡村振兴与新型城镇化双轮驱动将成为新常态、新型职业农民将是推动乡村现代化的重要力量、先进科技和要素渗透将推动乡村产业深刻变革、特色小镇将成为助力乡村振兴的新经济模式。

第一节　乡村振兴与新型城镇化双轮驱动将成为新常态

乡村振兴不能就农村论农村，中共中央、国务院发布的《乡村振兴战略规划（2018—2022 年）》明确提出：“坚持乡村振兴和新型城镇化双轮驱动，统筹城乡国土空间开发格局，优化乡村生产生活生态空间，分类推进乡村振兴。”因此，乡村振兴与新型城镇化双轮驱动将成为新常态，而城乡关系、工农关系的重塑是新时代做好“三农”工作、促进农业农村现代化、实现乡村振兴的重要抓手。

一、城乡融合发展是实现乡村振兴的路径与导向

城市和农村是人类经济社会活动的两个基本区域，推动城乡融合发展既是经济社会发展的内在规律，也是我国建设现代化强国的重要内容和发展方向。从发展经济学理论上讲，工农关系决定了城乡一体化或者城乡融合发展的水平，农业

和工业之间、城市和农村之间存在有机的内在联系，彼此互为补充和依赖，不能人为割裂二者的联系。城乡融合发展必须缩小城乡差距，这也是未来乡村振兴的方向与路径。

（一）中国改善城乡关系的政策演进不断取得创新突破

由城乡统筹发展、城乡一体化发展到城乡融合发展这种重大政策导向的演变，反映了我党对新型城乡工农关系的认识正在逐步深化，在科学处理城乡工农关系的理论和政策创新方面不断实现了新的突破和跨越。习近平总书记在党的二十大报告中提到："全面推进乡村振兴。全面建设社会主义现代化国家，最艰巨最繁重的任务仍然在农村。坚持农业农村优先发展，坚持城乡融合发展，畅通城乡要素流动。"城乡融合与乡村振兴是互促互进的，作为基层党组织，要坚决担起推进乡村发展的历史责任，从产业、环境、要素等方面统筹农村发展优势，破解城乡融合"密码"，全方位、多元化推进城乡融合发展，下好乡村振兴"先手棋"。

（二）新时代乡村振兴亟待重塑新型城乡工农关系

随着近年来我国城镇化水平的不断提高和新农村建设的持续深入，城乡之间的相互联系和影响作用明显增强，城乡之间的人口、资源、要素、产权流动和交叉整合日趋频繁，产业之间的融合渗透逐步深化，城乡之间逐渐呈现出"你中有我，我中有你"的发展格局。越来越多的问题表现在"三农"，根子在城市，或者问题表现在城市，根子在"三农"。这些问题的解决，需要系统的制度设计，不能简单地"头痛医头、脚痛医脚"。城乡统筹主要强调政府资源的统筹分配，在引导社会资源和人才支持"三农"发展方面表现相对乏力，容易成为薄弱环节。城乡一体化发展更侧重于加强对"三农"发展的外部支持和"以城带乡"，弥补"三农"发展的短板，逐步缩小城乡差距。相比之下，推动城乡融合发展与前两者一脉相承，但站位更高，内涵更丰富，更容易聚焦城乡之间的融合渗透和功能耦合。目前，单靠城乡统筹和促进城乡一体化发展，已经越来越难以适应新时代社会主要矛盾的变化和城乡关系的重塑。因此，建立健全的城乡融合发展体制机制和政策体系，引导更多的社会资源和人才参与"三农"建设，以解决城乡发展失衡、农业农村农民发展不充分的问题，让广大农民在共商共建共享乡村振兴的过程中有更多的获得感、幸福感，对满足城乡居民不断增长的美好生活需要具有重要意义，同时，坚持城乡融合发展也是实施乡村振兴战略的重要途径和战略需要。

二、新型城镇化是促进乡村振兴的重要推动力

推进新型城镇化与乡村振兴都是我国建设现代化强国的重要内容，二者相互促进。由于农村自身所具有的相对封闭性、滞后性特点，导致农村发展的内生动力不足，这决定了乡村振兴不能就农村而农村，必须在“四化同步”推进的宏观背景下，结合新时代城镇化的新要求，加快城乡互动，促进乡村振兴。各国的城镇化实践证明，一个国家和地区的城镇化水平越高，城市支持农村、工业反哺农业的条件和能力就越强，农业农村发展的步伐就越快。城镇化进程在很大程度上促进了农村自然经济形态的瓦解，对乡村振兴的带动作用主要表现在三个方面。

（一）通过吸纳农村剩余劳动力为乡村振兴创造条件

城镇化是农村剩余劳动力转移的重要渠道。随着现代生产力水平的不断提高、国家开放政策的不断深化和市场经济体系的成熟，城市现代产业发展对人口的集聚能力显著增强，农村剩余劳动力的城镇化转移，使农民在获得工资性收入的同时，还获取了必要的现代产业技能，掌握了城市生活方式，有利于农民工返乡创业并促进乡村发展。

（二）城镇化为现代农业发展创造了新的机会和需求

随着城镇化步伐的加快，城市居民对农村产品的需求愈发旺盛，这对农村的粮油蔬菜供给保障能力构成了新的挑战。同时，城市居民对农产品质量的要求也日益严格，这促使农村必须提升农产品的品质与安全性，以达到市场的标准。在此过程中，农业经济形态的转化尤为重要。传统的农业生产模式正在向多元化、高附加值的方向发展。农产品精深加工、休闲观光农业、乡村文化旅游、农村电子商务等产业融合发展趋势明显，这些新兴业态不仅为农村带来了新的经济增长点，也丰富了城市居民的生活体验。此外，新时代城乡居民消费结构的快速升级，使得多元化、个性化的中高端消费需求迅猛增长。这进一步推动了农业由增产导向转向提质导向，使得服务城市需求的现代农业得到大力发展。未来，农村将更加注重农产品的品质提升和品牌打造，以满足市场日益增长的多元化需求。

（三）城镇化有利于形成全社会共享发展成果的机制

城镇化是一个城乡双向互动的过程，在促进农村人口向城镇集聚转移的过程中，农民的生产生活方式得到了较大的改变，现代城市文明也加速向农村传播和扩散，城市基础设施、公共服务产品等也逐渐向农村延伸，从而促进城市资本、

人才向农村流动。这一互动过程有利于城乡要素交换和公共资源的均衡配置，加快实现城乡基本公共服务均等化，使农民能享受到改革发展的成果，有利于推动全社会形成共享发展成果的机制。

第二节　新型职业农民将是推动乡村现代化的重要力量

伴随乡村振兴战略的深入实施，我国农村土地制度改革、户籍制度改革将持续深入推进，农业农村发展的政策红利也将进一步释放。同时，随着新型城镇化和工业化进程加快，城市支持农村、工业反哺农业的能力明显提升，推动农业农村高质量发展和乡村现代化建设的步伐将进一步提速，城乡要素的流动性也将进一步增强，乡村将成为创新创业者和投资者青睐的热土，新型职业农民将成为乡村振兴的重要力量。

一、各类创新创业要素将加快向乡村流动

乡村振兴离不开城市资本、人才、信息、技术等要素的参与支撑，新时代各类创新创业要素将加快向乡村流动。

（一）城乡基础设施互联互通增强了要素流动的便利性

城乡融合发展是乡村振兴的重要导向，随着以交通、信息、能源、公共服务设施为代表的城市基础设施向农村延伸，农村综合生产生活条件将发生重大改变，城乡要素市场一体化水平也将大为提高，城市要素流向农村的基础设施瓶颈得以破除，要素流动的自由性和便利性明显增强。

（二）城市资源配置需要新的发展空间

随着城市人口的大量集聚，城市建设和功能拓展将受到城市内部发展空间的制约，城市资本需要新的投资领域，城市部分功能需要向乡村外溢，城市居民也需要新的创业就业载体和空间，因而服务城市需求的农村新型产业将带来大量新的投资机会，为城市资源的优化配置提供了新的广阔空间和有利条件。

（三）乡村自身现代化发展需要城市资源要素的支撑

农村人才资源和创新要素匮乏是制约农村实现现代化的最大障碍，无论是乡村综合环境的整治、乡村产业的振兴，还是乡村文化的繁荣等都需要城市创新资

源的支撑，特别是随着乡村综合条件的改善，乡村对城市资源的吸引力将逐步增强，乡村将成为新时代创新创业的载体和热土。

二、农民从身份到职业的转化进程将加快

长期以来，我国一直实行严格的城乡户籍制度，农民和城市居民是两种截然不同的身份，附着在户口上的是城乡基本公共服务和社会福利待遇的差异。随着工业化、城镇化的快速推进，大量的农民为了脱离农村“农民”身份的束缚，开始向非农产业转移成为“农民工”或者变为正式的城市居民，从而导致一部分农村凋敝和一系列社会问题，而且农业农村的现代化也不是仅仅依靠传统意义上的农民就可以实现的。随着乡村振兴和城镇化双轮驱动发展，“农民”去身份化和职业化将成为新的发展趋势。

（一）现存的“农民”身份在制度设计上将逐步淡化

户籍制度改革是促进我国城乡一体化发展、推动新型城镇化的重要内容和举措。自 2002 年国家提出统筹城乡发展以来，各地在推动户籍制度改革方面已经做了多方探索，逐步取消户口的农业和非农性质差异已成为共识，这也是以城乡融合发展推动乡村振兴的内在要求，“农民”身份将逐渐淡化。

（二）新型职业农民是未来乡村创新创业的主体

城镇化和户籍制度改革可以在一定程度上缩小城乡差距和促进城乡居民基本公共服务均等化。无论社会如何发展，农业作为一种产业存在就必然会有职业“农民”存在，农业经营也必然要遵循市场的机制和规则以实现利润最大化，而且“农民”本身属于职业的范畴。在“农民”去身份化的过程中，新型职业农民群体将大量出现。截至 2021 年底，我国新型职业农民总量已超过 2000 万人，增长势头良好。职业农民承载着我国乡村发展的希望和未来。①

第三节　先进科技和要素渗透将推动乡村产业深刻变革

当前，大数据、物联网、人工智能等现代科技信息技术蓬勃发展，现代产业

① 新浪财经. 以职业教育助力乡村振兴[EB/OL].（2023-03-13）[2023-12-26].https：//finance.sina.com.cn/jjxw/2023-03-13/doc-imyksefm8921032.shtml.

正面临科技进步带来的深刻变革，新业态、新模式以及个性化的新需求正加速推动产业融合发展，产业的边界日趋模糊。同样，随着乡村振兴战略的深入实施，现代科技管理知识在农业农村领域的深度应用，技术创新和管理创新成果正在借助产业结构调整，以渐进、渗透、跨界的方式影响着农村产业，乡村产业发展也会呈现新的特点和变化趋势。

一、科技兴农的战略支撑作用将进一步增强

科技兴农就是运用科学技术解决“三农”发展中的实际问题，推动农业农村现代化，这不仅是推动乡村振兴的发展共识，也是我国实施创新驱动发展战略的重要内容，更是适应新型工业化、城镇化、信息化发展的客观需要。未来国家强化农业的科技支撑主要体现在三个方面。

（一）重视农业科技创新水平的提升

国家要进一步加快完善农业科技创新体系，培育符合现代农业发展要求的创新主体，加大财政资金对农业基础研究的投入。此外，重点增强种业创新、现代食品、农机装备、农业污染防治和农村环境整治等方面的科研工作，加快推动农业科技成果的转化应用和增加绿色技术供给，进一步健全农业技术推广体系。

（二）重视农业科技创新平台基地建设

国家鼓励建设一批国家级和省级的农业科技园、科技创新联盟、农业科技资源开放共享与服务平台，培育一批农业高新技术企业，强化其形成具有国际竞争力的农业高新技术产业。

（三）深入推动信息技术在“三农”领域的应用

国家鼓励发展智慧农业、农村电商，以推动农村就业创业及公共服务的信息化、网络化，提升“三农”发展的信息化水平。总之，科技兴农工作成效的高低的将是乡村振兴战略实施成败的关键所在。

二、乡村产业融合与经营组织变革更趋明显

产业融合发展是现代产业发展的趋势，也是工业化、城镇化、信息化发展到一定阶段的必然结果。随着我国“四化”协同发展的持续推进，城乡一体化融合发展的水平将明显提升，农村也不再是单纯的农业生产场所，三次产业的多种业

态相伴而生，互为补充和依赖，产业的界限和业态更趋模糊化和多样化，经营组织模式也在不断变革创新。近年来，虽然我国“三农”发展已取得明显成效，农村产业融合发展态势已初步显现，城乡产业发展的关联性更加紧密，但产业融合发展的层次总体上依然较低。从未来发展趋势看，乡村产业将呈现以下四个方面的特点。

（一）农业与旅游文化生态等元素融合促进农村传统产业转型

目前我国经济社会发展已经步入旅游经济时代，旅游业也从过去的观光旅游发展到休闲度假旅游，特别是城市人口对乡村旅游服务需求较大。我国广大的农村地区具有丰富的自然生态、特色种植、地域民俗、农耕文明、传统村落、历史古镇等诸多乡村旅游资源，发展乡村旅游的基础条件较好。乡村旅游可以促进农村传统生产向特色花卉苗木种植、田园创意、特色餐饮、高端民宿、文化表演、休闲康养等现代都市休闲农业方向发展。从本质上看，休闲农业是以农业活动为基础，把农业和旅游业结合在一起的一种新型多功能的高效农业，通过“旅游+”促进旅游与其他产业融合将成为未来乡村产业振兴的重要方向。

（二）农业自身产业链延伸型融合提升产业附加值

涉农经营组织在农业产业链中发挥着关键作用。它们以农业为核心，向前延伸，确保种子、农药、肥料等生产要素的供应与农业生产紧密对接；向后延伸，将农产品加工、销售与农业生产有机连接，形成完整的产业链条。这种产供销一体化的模式，不仅提高了农业生产效率，还促进了农产品的市场化和品牌化，推动了农业产业的健康发展。

（三）先进技术对农业的渗透型融合促进业态多元化

通过推动互联网、物联网、云计算、大数据与现代农业结合，构建依托互联网的新型农业生产经营体系，促进智能化农业、精准农业的发展；支持发展农村电子商务，鼓励新型经营主体利用现代信息技术在农产品、生产生活资料以及工业品“下乡”等产购销活动中，开展线上网络交易；利用生物技术、农业设施装备技术与信息技术相融合的特点，发展现代生物农业、设施农业、工厂化农业等。因此，产业融合发展是农业产业化的高级形态和升级版。

（四）新型农业经营组织将蓬勃发展

现代信息和管理技术的运用，将促进家庭农场、专业农村合作社、农业相关协会、农业龙头企业、农业社会化服务组织以及工商企业等多元化经营组织加快发展，成为推动乡村产业振兴的重要组织力量和经营模式。这些新型农业经营组织无论是在商业模式创新还是在品牌培育方面都将发挥至关重要的作用，经营组织变革也将进一步促进多种形式的农村产业融合发展。

第四节　特色小镇将成为助力乡村振兴的新经济模式

近年来，我国特色小镇蓬勃发展，已成为经济新常态下各地实践探索出的新经济模式，与田园综合体、美丽乡村共同成为乡村振兴的重要载体。随着乡村振兴战略的深入实施，特色小镇的发展模式和呈现出的新形态将更加多元化。各类特色小镇的兴起和发展也是我国乡村供给侧结构性改革的生动实践和重要特色，对推动新型城镇化建设、促进农村经济转型和乡村现代化具有重要意义。

一、我国特色小镇的发展现状及作用

特色小镇不同于特色小城镇，这两个概念经常被人们混淆。2016 年 10 月，国家发展改革委发布了《关于加快美丽特色小（城）镇建设的指导意见》，其中明确区分了特色小镇和特色小城镇。特色小镇主要指聚焦特色产业和新兴产业，集聚发展要素，不同于行政建制镇和产业园区的创新创业平台。通常是通过集聚特色产业，促进生产生活生态空间融合发展。特色小城镇是指有行政区划单元的建制镇、乡集镇，还包括县城所在地的城关镇，是我国城镇体系中最基层的城镇级别。特色小城镇一般拥有数十平方千米的土地和一定的人口及经济规模，是特色产业鲜明的行政建制镇。

（一）国内特色小镇的发展现状

从国内实践来看，为了加快推动城镇化进程，黑龙江省在 2010 年开始正式提出要建立 6 类 21 个特色小镇。2011 年北京、云南、天津等省市也纷纷提出要建设特色小镇，但让特色小镇声名鹊起的却是浙江省，以至于很多人认为特色小镇发源于浙江。2014 年杭州首次提出打造云栖小镇。2015 年 4 月浙江省人民政府出台了《关于加快特色小镇规划建设的指导意见》，对特色小镇的创建程序、政策措施等作出规划。2016 年住建部、国家发展改革委等国家领导部门对特色小镇的培养和推荐，这种在块状经济和县域经济基础上发展而来的创新经济模式得

以推广，特色小镇成为中国经济转型的样本。2016 年、2017 年，住建部连续两年公布了两批共 403 个国家级特色小镇建设名单，再加上各地方创建的省级特色小镇，2018 年全国特色小镇数量已累计超过 2000 个。[①] 在建设特色小镇的具体实践中，浙江特色小镇通过另辟蹊径实现了“村中见城、城中有村”，为国内特色小镇的发展树立了典范。

截至 2023 年，国家住建部已分两批公布了特色小镇的名单，国家级特色小镇一共 403 个，其中第一批 127 个，第二批 276 个。从人口规模来看，人口数量超 100 万的特色小镇有 32 个，人口数量超 20 万的特色小镇有 6 个。其中第一批与第二批特色小镇数量排前三的分别是浙江省、江苏省与山东省。[②]

（二）特色小镇的特点与作用

不同于一般的特色小城镇建设，特色小镇是新时期城镇化推进过程中的一种模式创新，是典型的集约化、特色化发展。一般来说，围绕乡村振兴进行发展的特色小镇应具备六大特征：产业特色集聚效果突出、发展的机制创新活力较强、社区综合服务功能基本具备、文化生态特色效应显著、旅游服务功能相对完善、政府引导市场化运作，是一个“生产、生活、生态、文化、旅游”五位一体的新的经济增长平台和创新创业的综合承载体，能顺应新型城镇化的发展趋势和要求。值得注意的是，特色小镇在规划、建设、管理的全过程中，要突出企业的主体地位，充分发挥市场配置资源的决定性作用。同时，我们不能把城市文化、城市建设的思维强加到小镇上。这样将有助于特色小镇持续健康发展，避免“问题小镇”“风险小镇”等情况的发生。

具体来看，特色小镇对实现农业农村现代化具有四个方面的促进作用。

一是在乡村或城市周边发展起来的特色小镇可以带动和促进现代农业的发展，特别是促进乡村旅游与农村产业的深度融合。

二是特色小镇通过集聚特色产业，有利于形成规模化、品牌化效应，提升小镇区域影响力，形成吸引城乡要素的洼地。

三是特色小镇通过产业和人口的集聚，可以带动农村社会化服务体系的建设，增强社区功能，有利于缩小城乡公共服务水平差距。

---

① 个人图书馆．特色小镇基本知识你知道多少？ [EB/OL]．(2021–03–12) [2023–12–26].http：//www.360doc.com/content/21/0312/12/74184595_966599885.shtml.

② 智研咨询．2023 年中国特色小镇行业市场现状及未来发展分析 [EB/OL]．(2023–10–07) [2023–12–26].https：//baijiahao.baidu.com/s?id=1779074011625470231&wfr=spider&for=pc.

四是特色小镇通过集中的社区功能，有利于推动乡村文明建设，促进乡村治理现代化。因此，加快规范、引导特色小镇建设，对促进乡村振兴、提升城镇化水平意义重大。

二、特色小镇未来发展重点和趋势

特色小镇作为新时期城镇化创新发展的产物，虽然目前在发展过程中出现了一些不足和偏差，但其作为新的经济增长平台和发展模式，未来发展潜力很大，很可能成为助力乡村振兴的重要支撑。

从未来的发展趋势和发展重点看，特色小镇建设必须做到“四个结合”。

一是特色小镇建设要与区域城镇化战略相结合。国家实施城市群战略是我国新时期城镇化的重大导向，如加快建设京津冀城市群、长三角城市群、关中平原城市群、成渝城市群、长江中游城市群等，各地方或区域也将形成若干次级城镇群。推动区域城镇群建设发展有利于生产力空间的优化布局和人口合理集聚，有助于促进土地等资源的集约化配置利用。特色小镇作为新的城镇化形态，好比嵌入以行政区划为主导的城镇群上的颗颗明珠，既增进了城镇群的经济互动联系，又提升了城镇化水平。

二是特色小镇建设要与城乡资源要素配置相结合。通过对资金、土地、劳动力、公共服务等资源的统筹配置，促进城乡资源要素有序合理流动，提高资源配置效率，充分发挥资源要素集聚的支撑作用。

三是特色小镇建设要与乡村产业振兴相结合。大部分特色小镇处在城乡接合部，是城镇联系农村的纽带，这有利于城镇中的中小加工制造业、现代服务业向农村延伸，促进传统产业转型升级，特别有利于突出产业的特色和创新，如形成一批科创小镇、文创小镇、旅游小镇、电商小镇、康养小镇等。

四是特色小镇建设要与创新农村服务供给相结合。通过特色产业的打造和人口的集聚，带动公共服务设施建设和社区功能配套，促进服务供给和服务模式创新，弥补“三农”发展面临的服务短板。

同时，需要指出的是，从特色小镇与特色小城镇的现实实践来看，二者也并不是完全并行而不可融合的两种形态和载体。在江浙发达地区，由于城镇化和现代化水平较高，特色小镇与特色小城镇融合发展的态势较为明显。随着乡村振兴战略的深入推进、城乡一体化发展水平的提升，特色小镇与特色小城镇的融合发展态势也将更趋明显。

总体来看，随着国家乡村振兴战略的深入推进，我国“三农”发展将面临深刻的变革和新的发展机遇，但同时也必须客观看待乡村振兴中存在的各种矛盾和问题。我国农村长期积累的问题不可能在短期内就能得到彻底解决，特别是改革开放以来我国城镇化和工业化快速推进导致的农村凋敝、乡村社会治理难度大、乡村民俗文化的传承后继乏人等现实问题，以及农村土地改革推进较慢、发展现代农业人才匮乏等问题。这些问题的叠加很可能导致乡村发展的差异性和多样性趋势继续延续，因此，实现乡村振兴将是一个艰巨的、长期的战略性任务。

参考文献

[1] 杜晓燕，王刚．走进乡村振兴 [M]. 北京：中国纺织出版社，2022.

[2] 王雄．乡村振兴陕西实践 [M]. 西安：西北大学出版社，2021.

[3] 赵政．乡村振兴战略研究 [M]. 西安：西北工业大学出版社，2021.

[4] 许维勤．乡村治理与乡村振兴 [M]. 厦门：鹭江出版社，2020.

[5] 刘祥．乡村振兴实施路径与实践 [M]. 北京：中国经济出版社，2022.

[6] 王美玲，李晓妍，刘丽楠．乡村振兴探索与实践 [M]. 银川：宁夏人民出版社，2020.

[7] 苟文峰．乡村振兴的理论、政策与实践研究 [M]. 北京：中国经济出版社，2019.

[8] 于善甫．扩大内需视阈下河南乡村振兴与高质量协同发展：坚持扩大内需战略之基，促进乡村全面振兴 [M]. 北京：中国农业出版社，2022.

[9] 金伟栋．数字赋能乡村振兴苏州实践 [M]. 苏州：苏州大学出版社，2023.

[10] 蒲实，袁威．乡村振兴战略导读 [M]. 北京：国家行政管理出版社，2021.

[11] 林伟斌．乡村振兴视角下旅游产业项目带动集体经济发展的路径研究 [J]. 商展经济，2023（24）：43-46.

[12] 张知遥，李文辉．陕西省乡村产业高质量发展对策研究 [J]. 山西农经，2023（24）：164-166.

[13] 白钰琦．社会企业助推乡村振兴的困境与优化进路 [J]. 农村经济与科技，2023，34（24）：172-174.

[14] 陈华平，王倩．赣南革命老区生态振兴高质量发展示范区建设的路径模式经验与启示研究 [J]. 农业与技术，2023，43（24）：143-149.

[15] 杨锦琦，李华旭．中国式现代化视域下江西农业高质量发展研究 [J]. 农业考古，2023（6）：203-208.

[16] 张正良．广西农业高质量发展助力乡村振兴的路径探析 [J]. 南方农业，2023，17（24）：144-146.

[17] 毕明建，郭健．山东省文旅融合高质量发展对乡村振兴的影响研究 [J]. 科技和产业，2023，23（24）：28−33.

[18] 张祖成，耿亮，马晓翠．乡村振兴视阈下边疆地区乡村旅游产业发展研究：以吐鲁番为例 [J]. 甘肃农业，2023（12）：96−100.

[19] 严思龙．抓党建促乡村振兴助推县域经济高质量发展的几点思考：以渭南市大荔县为例 [J]. 新西部，2023（11）：153−155.

[20] 陈凤霞，许少泽，武海鹏，等．乡村振兴背景下文化赋能乡村休闲旅游高质量发展路径实证研究：以呼和浩特市小井村为例 [J]. 文化创新比较研究，2023，7（36）：126−131.

[21] 孙世莹．山东省农业高质量发展与乡村振兴战略有效衔接研究 [D]. 淄博：山东理工大学，2023.

[22] 包威．乡村振兴战略背景下农村产业高质量发展研究 [D]. 济南：山东师范大学，2024.

[23] 蒋蕊．数字经济促进乡村振兴高质量发展研究 [D]. 重庆：重庆工商大学，2024.

[24] 汪伟．乡村振兴背景下鹤鸣湖镇乡村旅游高质量发展研究 [D]. 哈尔滨：哈尔滨商业大学，2024.

[25] 侯永康．乡村振兴背景下丰县乡村旅游高质量发展研究 [D]. 曲阜：曲阜师范大学，2022.

[26] 吴儒练．旅游业高质量发展与乡村振兴耦合协调测度、演化及空间效应研究 [D]. 南昌：江西财经大学，2023.

[27] 刘芳．乡村振兴背景下榆林市乡村旅游高质量发展路径研究 [D]. 银川：宁夏大学，2022.

[28] 卞光．乡村振兴战略背景下宿州市农业经济高质量发展研究 [D]. 淮北：淮北师范大学，2021.

[29] 林谢梅．乡村振兴战略下湛江农业高质量发展研究 [D]. 湛江：广东海洋大学，2021.

[30] 周桂花．乡村振兴背景下岜沙苗寨旅游业高质量发展路径研究 [D]. 贵阳：贵州民族大学，2020.